WEIHNACHTS GESCHICHTEN AM KAMIN 6

Gesammelt von
Ursula Richter

ROWOHLT

Originalausgabe
Veröffentlicht im Rowohlt Taschenbuch Verlag GmbH,
Reinbek bei Hamburg, November 1991
Copyright © 1991 by Rowohlt Taschenbuch Verlag GmbH,
Reinbek bei Hamburg
Alle Rechte vorbehalten
Umschlaggestaltung Werner Rebhuhn
(Foto: Ulrike Schneiders / Babaria)
Satz Bembo (Linotronic 500)
Gesamtherstellung Clausen & Bosse, Leck
Printed in Germany
780–ISBN 3 499 13021 1

Helmut Rathke

Ein eigenes Spielzeug

Sohn eines Kaufmanns zu sein, der ein Spielwarengeschäft hat, mochte für andere Kinder einen besonderen Vorzug bedeuten, doch für mich war es manchmal auch schmerzhaft. Zugegeben, ich konnte mir alle Spielsachen ansehen, durfte zeitweise sogar damit spielen, ohne daß mir jemand auf die Finger klopfte, aber was ist das schon... es waren doch nicht meine Spielsachen – meine eigenen.

Bekam ich Spielzeug von meinen Eltern geschenkt, so war ich nie sicher, wie lange ich es wirklich hatte. Mein Vater war nämlich Geschäftsmann durch und durch, immer darauf bedacht, möglichst alle Wünsche seiner Kunden zu erfüllen – auch die entferntesten, wobei sich die naheliegendsten oft in meiner Spielkiste befanden.

Mit dem Satz: «Du hast schon eine Zeitlang nicht mehr damit gespielt, und nun war da ein Kunde, der so was suchte», wurde mir immer der Verlust meines Spielzeugs erklärt. «Wir müssen uns die Kunden erhalten», fuhr mein Vater dann fort, «...schließlich leben wir von ihnen.»

Um den Ausbruch meiner aufsteigenden Tränen zu verhindern, bot Vater dann immer als Wiedergutmachung ein Ersatzspielzeug an, das ich mir sogleich auswählen durfte. Dabei ergab sich jedoch immer wieder die Frage, wie lange wohl dieses Mal...

In der Vorweihnachtszeit des Jahres 1950 erhielten wir eine Sendung elektrischer Eisenbahnen, die es vor dieser Zeit in der damaligen DDR noch nicht gegeben hatte. Der Anblick dieses technischen Spielzeugs löste Faszination in mir aus, und fortan stand mein Weihnachtswunsch fest.

«Sollten wir von den zehn Bahnen nicht alle verkaufen, so kann es sein, daß dein Wunsch in Erfüllung geht», meinte Vater, als er meinen Wunschzettel gelesen hatte.

Nur zehn Eisenbahnen – und so viele Tage noch bis Weihnachten. Ich rechnete mir keine großen Chancen aus ... und doch, ich hoffte ... Täglich nach der Schule führte mich mein erster Gang in unser Geschäft, wo ich aufgeregt den Eisenbahnenbestand überprüfte. Dann – einen Tag vor dem Fest stellte ich mit klopfendem Herzen fest, daß nur noch eine Bahn zurückgeblieben war. Nun begann mein Wettlauf mit der Zeit, die jetzt betont langsam zu laufen schien. Kurz vor Geschäftsschluß am Heiligen Abend erfuhr ich von meiner Schwester jene schreckliche Nachricht, daß auch der letzte Eisenbahnkarton verkauft sei. Enttäuscht und mit Tränen in den Augen stürzte ich ins Geschäft, wo sich die Hiobsbotschaft bestätigte. Unendliche Traurigkeit erfaßte mich, als ich an die Bescherung und die Weihnachtstage dachte.

Dann war es soweit. Weder der festlich geschmückte Weihnachtsbaum, noch die Geschenke unter dem Baum, vermochten meine depressive Stimmung auch nur ein wenig aufzuheitern – fehlte doch das wichtigste Geschenk.

Meine Mutter schaute mich an und begann zu lächeln, und auch meine Schwester blickte grinsend zu mir, während Vater sich plötzlich hinter dem Eßtisch langsam hinunterbeugte. Und nun hörte ich es, dieses wunderbare Geräusch – das Geräusch einer fahrenden kleinen Eisenbahn. Mit einem Jubelschrei stürzte ich zu dem unermüdlich kreisenden Zug. Mein Wunsch hatte sich also doch noch erfüllt – die letzte Bahn war nicht verkauft worden. Sie gehörte nun mir.

Wirklich meine eigene für immer? Würde Vater sie nicht irgendwann auch wieder verkaufen?

Zweifel trübten ein wenig die Freude am Spiel, denn ganz sicher war doch nur, daß mein neues Spielzeug zumindest an den Weihnachtstagen sicher war.

Da auf einmal kam mir die entscheidende Idee, die meine

Eisenbahn zu meinem sicheren, unverkäuflichen Eigentum machen sollte.

Mit einem Schraubenzieher ritzte ich vorsichtig meinen Namen in den Lack der kleinen Lokomotive. Nun war sie beschädigt und der Besitzer klar erkennbar.

Mutter erzählte mir später einmal, daß Vater nach jenem Fest eine defekte Lok von einem Kunden zurückbekommen hatte und meine als Ersatz weggeben wollte. Er entdeckte aber noch rechtzeitig meinen eingeritzten Namen und vertröstete den Kunden mit dem Versprechen der Neubestellung.

Sicher wären mir nach meinem ersten Erfolg auch noch andere Methoden eingefallen, meine künftigen kleinen Schätze vor der Geschäftstüchtigkeit meines Vaters zu bewahren. Trotzdem – ich hatte einen sehr guten und lieben Vater, der mir übrigens, wie ich später erfuhr, schon am Tag der Anlieferung eine Eisenbahn zurückgelegt hatte.

Uwe Bernzen

Ein weihnachtlicher Streit und sein glückliches Ende

Ich bin jetzt fast dreißig Jahre verheiratet, und da legt doch die milde Sonne der Erinnerung auf manches Ereignis einer Zeit, die damals sicher bewegter und dramatischer war, als es mein Gedächtnis mir heute wiedergibt. Und das ist auch gut so.

An den ersten Streit unserer jungen Ehe allerdings kann ich mich noch gut erinnern, zumal er das friedenstiftende Weihnachtsfest zum Anlaß hatte. Ebenso ist mir allerdings auch in Erinnerung, in welcher glücklichen Art dieser Streit sein Ende fand und wie notwendig die heftigen Auseinandersetzungen waren, um die Angelegenheit zu klären.

Also, wir waren jung verheiratet, hatten gerade eine neue, wenn auch sehr kleine Wohnung bezogen, und das Weihnachtsfest nahte. Für meine Frau und für mich war es selbstverständlich, daß wir dieses Fest, zumal den Heiligen Abend, in unseren eigenen neuen Räumen verbringen würden, obwohl, sowohl Eltern als auch Schwiegereltern gedacht hatten, wir kämen zu ihnen. Wir luden sie statt dessen stolz zu uns ein.

So weit so gut, in diesem Punkt waren meine Frau und ich uns also einig. Schwieriger gestaltete sich da schon der Kauf des Weihnachtsbaumes. Für meine Frau war es selbstverständlich, daß es eine große und leider auch sehr teure Edeltanne sein müßte, während ich der Auffassung war, eine winzige und preisgünstige Fichte täte es für unsere Kleinwohnung auch. Dieser Streit ging insofern glimpflich aus, als ich mir großmütig dachte, mit meinem Nachgeben meiner Frau eine kleine adventliche Freude machen zu können.

Dann aber brach der Streit, der offenbar nur unter der Oberfläche des jungen Glücks geschlummert hatte, mit aller Heftigkeit aus. Auslöser war der Besuch meiner Eltern an einem der Adventssonntage, die uns freudestrahlend und ganz arglos verkündeten, daß sie von ihrem Weihnachtsbaumschmuck, den sie, da sie jetzt ja allein seien, nicht mehr in der vorhandenen Menge gebrauchten, die schönsten Stücke ausgesucht hätten, um sie uns zu schenken. Ich jubelte. Da waren sie, die geliebten Glaskugeln, bestreut mit künstlichem Schnee, die silberglänzenden Glöckchen und die stolze Tannenbaumspitze, von der ich als Kind immer geglaubt hatte, sie sei aus reinem Gold. Um ihr großherziges Geschenk noch üppiger zu machen, hatten die Eltern noch reichlich Lametta und Engelshaar aus Glaswolle beigefügt.

Meine Frau nahm dieses Geschenk bemerkenswert ruhig entgegen, was mir zunächst aber weiter nicht auffiel. Später aber, als meine Eltern gegangen waren, erklärte sie kategorisch: «Dieser Kitsch kommt mir nicht an den Baum.» Ich fiel aus allen Wolken und war entsetzt. Weihnachten ohne Silberkugeln und ohne Lametta am Baum, das war kein Weihnachten für mich. Ich sagte das klar und deutlich und ließ keinen Zweifel daran, daß ich nur so oder überhaupt nicht das Fest bei uns begehen würde. Nun tat meiner Frau das Wort «Kitsch» auch schon leid und sie versuchte, mir mit einfühlsamen Worten zu erläutern, wie sie sich unseren Weihnachtsbaum vorstellte. Er sollte mit selbstgebastelten Strohsternen, mit goldenen Nüssen und Bienenwachskerzen geschmückt sein. In der Sache aber blieb sie hart, Silberkugeln und Lametta unter gar keinen Umständen.

Die nächste Phase unseres Streits war die Argumentationsphase. Wir versuchten nun jeder den anderen davon zu überzeugen, wie recht jeder mit seiner Auffassung hatte. Hierfür bemühten wir den Untergang des Abendlandes, wenn unsere eigene Vorstellung vom Weihnachtsbaum nicht zum Zuge käme und waren zu Zugeständnissen nicht bereit.

Als alle guten Argumente nichts fruchteten, schwiegen wir und beide grübelten über die Abgründe der Seele des anderen nach und dachten bei uns, daß, wenn wir vorher gewußt hätten, zu was der andere alles fähig sei, wir uns das mit dem Heiraten sicher ernstlicher überlegt hätten.

Da Weihnachten aber näherrückte und unser Stolz uns daran hinderte, daß jeder von uns bei seinen Eltern den Heiligen Abend verbrachte, mußte eine Entscheidung fallen. Trotz offenbar unüberbrückbarer Gegensätze setzten wir uns zusammen und grübelten über eine Lösung dieses schwerwiegenden Problems nach. Den naheliegenden Kompromiß, den Baum halb so und halb so zu schmücken, verwarfen wir einmütig als lächerlich, und zwar sowohl in seiner vertikalen als auch in seiner horizontalen Variante.

Mein Vorschlag, für jeden von uns einen kleinen Baum zu erwerben, damit wir ihn – jeder nach seinem Geschmack –

schmücken könnten, scheiterte an den Kosten. Unsere Edeltanne hatte den Weihnachtsetat leider schon aufgefressen.

Dann erzielte meine Frau mit ihrem Vorschlag den entscheidenden Durchbruch. Sie sagte: «Wir wechseln die Art unseres Weihnachtsbaumes von Jahr zu Jahr. Meine Art zu schmücken beginnt, weil eine Edeltanne besser zu Strohsternen und goldenen Nüssen paßt, eine einfache Fichte hingegen kann man auch mit viel Lametta und Glaskugeln zu einem edlen Baum machen.» Das leuchtete mir zwar nicht so ganz ein, aber um des lieben Friedens willen stimmte ich zu.

Wie ich schon am Anfang sagte, wir sind seit fast dreißig Jahren verheiratet und unser diesjähriger Weihnachtsbaum wird selbstverständlich, wie jedes Jahr, mit Strohsternen, goldenen Nüssen und gelben Bienenwachskerzen geschmückt. Das gemeinsame Basteln des Christbaumschmucks in der Adventszeit hat mir schon damals beim erstenmal gut gefallen. Unsere vier Kinder haben darüber hinaus im Lauf der Jahre den Baum mit viel Selbstgefertigtem aus Kindergarten und Schule geschmückt, so daß an allem, was am Heiligabend der großen Familie, die inzwischen auch Schwiegerkinder und Enkel umfaßt, am Tannenbaum entgegenstrahlt, viele Erinnerungen hängen. Ein anderer, als ein so geschmückter Familien-Christbaum, kommt für uns alle gar nicht in Betracht.

Sie fragen: «Und was ist mit den silbernen Kugeln und dem Lametta?» – Ja – das sind selige Kindheitsträume, an die ich gerne aber ohne Wehmut zurückdenke.

Inge Schneider-Malecki
Papa Noël und die Krokusse

Heiligabend – vom nahen Kirchturm klangen die Glocken zur Christvesper. Es dämmerte bereits. Ich hatte meine bescheidenen Vorbereitungen für diesen Abend beendet. Mein Tannenbäumchen, das ich mit Hingabe geschmückt hatte, so wie ich es seit meiner Kindheit liebe, hatte seinen Platz eingenommen. Und nun, um den späten Nachmittag allmählich in die «Stille Nacht» übergleiten zu lassen, zündete ich die noch verbliebenen Adventskerzen an, um bei ihrem Schein eine Tasse Kaffee und die ersten Weihnachtsplätzchen zu genießen. Auch im Radio hatte das Festtagsprogramm begonnen mit Weihnachtsliedern aus aller Welt. Ich lauschte den Klängen. Es war schon eigenartig zu denken, daß Menschen aller Nationen, aller Farben und Mentalitäten das gleiche Fest feierten, jeder auf seine Weise natürlich, aber doch in gewisser Verbundenheit über den ganzen Globus. Plötzlich rissen mich ein paar Worte aus meinen Gedanken, *«Papa Noël»*, ein französisches Weihnachtslied –, und ich sah mich wieder auf jenem bescheidenen Ruheplätzchen am Rande des Dorfes in der Provence, wo ich dieses liebenswürdige Erlebnis hatte mit *«Papa Noël»* und den Krokussen.

Es war September, aber immer noch sommerlich warm. Nur ein kurzes Gewitter hatte der ausgedörrten Erde ein wenig Naß gebracht. Und nun stand ich vor einem kleinen Wunder: aus harter rissiger Erdkrume hatte sich etwas leuchtend Gelbes herausgearbeitet und stand inmitten verwehter Herbstblätter: Krokusse! Ich glaubte meinen Augen nicht zu trauen! Unter dem tiefblauen Provence-Himmel, von dem die Sonne noch immer sengende Strahlen warf, reckten sie sich empor, sich dem Licht öffnend. Sonst nichts! Kahler Boden, ein paar verstaubte, halbvertrocknete Büsche, ja, und eine Bank. Diese freilich benutzte ich jetzt, um das kleine

Wunder vor mir in mich aufzunehmen. Wer hatte je von Krokussen im September gehört? Inmitten Schneeresten ja, aber hier, in Sommerhitze und verdürstendem Boden – das war fast märchenhaft! Ich nahm meinen Fotoapparat heraus und begann, einen günstigen Standort zu suchen, um dies so unwirkliche Bild festzuhalten. Da hörte ich eine Stimme hinter mir: «*Ils sont très jolis, les petits crocus, n'est-ce pas?*» (Sind sie nicht reizend, diese kleinen Krokusse?) Ein wenig erschrokken wandte ich mich um und entdeckte jenen freundlichen Herrn, dem ich schon zweimal auf der Dorfstraße begegnet war und der mich jedesmal so liebenswürdig gegrüßt hatte. Man nahm zwar Notiz von mir als Fremde in diesem kleinen Ort, aber gegrüßt hatte mich bisher noch niemand. Er war mir aufgefallen, als er vom kleinen Hotel herkommend die Straße überquerte und dort in ein Auto einstieg. Ein kleiner Junge rief und winkte ihm ein eifriges «*adieu*» nach, und ich hörte als Antwort eine warme Stimme, in der viel Zuneigung lag, «*Adieu, mon petit*» (adieu, mein Kleiner). Vielleicht hatte er bemerkt, daß ich die kleine Szene beobachtet hatte, jedenfalls grüßte er mich mit seiner ihm besonderen Art. Einige Tage später sah ich ihn wieder. Er startete vor dem Hotel gerade seinen Wagen. Wieder begegnete ich diesem gütigen Blick, gewahrte ein schmales Gesicht, das von vielen Falten geprägt war, eine Landschaft voller Charme und Wärme, die man gern betrachtet. Seltsam, wie sich manchmal im Vorübergehen ein Gesicht einprägen kann! Nun stand er neben mir und teilte mein Entzücken an den leuchtenden Krokussen. Ich versuchte, ihm zu erklären, was für mich an dieser Szene so ungewöhnlich war. Er hörte mir aufmerksam zu und meinte dann, dies hier sei halt der zweite Frühling in der Provence. Dann nahm er mir den Fotoapparat aus der Hand und erklärte, er wollte «*Madame*» zusammen mit den Krokussen fotografieren. Nun, mir war das nur recht. Wir wechselten dann noch einige Worte, und beim Verabschieden zog er ein Kärtchen aus der Tasche mit der Bitte, ich möge ihm das

Foto schicken, damit er sich überzeugen könne, ob er *«Madame Crocus»* gut getroffen habe. Ich warf einen Blick auf die Karte und mußte ein wenig lachen. «Monsieur Noël, wie hübsch», sagte ich. Er lächelte ebenfalls und meinte: *«Mais pas ‹Papa Noël›* (aber nicht der «Weihnachtsmann»)! Da sei ein kleiner Unterschied, sein Name schreibe sich mit zwei l! Ach ja, natürlich, jetzt fiel's mir auf, und die Pünktchen auf dem e fehlten auch! Dennoch dachte ich, als er sich auf seine natürlich-charmante Weise von mir verabschiedet hatte: und er ist doch ein richtiger Papa Noël mit diesem so viel Menschenfreundlichkeit verströmenden Gesicht – und dazu noch Krokusse im September! –

All dies lief wie ein Film vor meinen inneren Augen ab. Als ich in die Gegenwart zurückkehrte, war es fast dunkel geworden. Ich zündete das Licht an und griff zum Fotoalbum. Da waren sie ja, die entzückenden Krokusse und ich, staunenden Blicks, daneben. Aber ich hatte ihm das Foto nicht geschickt, denn sicher hatte er die kleine Episode längst vergessen. Doch da steckte noch seine Visitenkarte bei dem Foto! Und nun war Noël – Weihnachten! Und auf dem Kärtchen stand seine Telefonnummer! Sollte ich Monsieur Noell ein *«bon Noël»* wünschen? Das war doch eigentlich gar nicht abwegig! – Ich erkannte die Stimme sofort, diese gewisse warme Nuance darin. Aber wie sollte er mich erkennen, da ihm mein Name unbekannt war? So fragte ich, ob er sich noch an die Krokusse in der Provence erinnere. Seine prompte Antwort *«Mais oui, Madame Crocus, quelle surprise»* (aber ja, Madame Krokus, welche Überraschung!) klang ehrlich erfreut. Dann wollte er wissen, ob das Foto so schlecht getroffen sei, daß ich es nicht geschickt habe. Er habe darauf gewartet! Und dann erbat er meine Telefonnummer, «um mich an das Foto erinnern zu können» und natürlich *«bon Noël»*!

Als ich den Hörer aufgelegt hatte, schien alles um mich verändert. Ich glaubte, ein Gleißen und Duften wahrzunehmen, die Stube schien sich geweitet zu haben! «Papa Noël» hatte die Wärme, die Fülle des Lichts und den würzigen Duft der Provence in meine Stube gezaubert – und seine menschliche Wärme dazu – ein unerwartetes und ungewöhnliches Weihnachtsgeschenk!

Anmerkung: Noël = Weihnachten, Papa Noël = Weihnachtsmann

Hannelore Striberny-Küssner

... der Heilige Abend ...

Stimmungsvoll erklingt, wie alle Jahre wieder aus dem Radio, Weihnachtsmusik und von Radio Norddeich Grüße in alle Welt. Mein Mann und ich sitzen alleine im Haus, unser Weihnachtsmenü, traditionsgemäß bestehend aus Kartoffelsalat und Würstchen, haben wir lustlos verspeist.

Die Anrufe der Kinder glücklich, unglücklich entgegengenommen, traurig denken wir an den früheren – Weihnachtstrubel – der um diese Zeit herrschte.

Trübsinnig sitzen wir in der Stube, vereinzelte Schneeflocken tanzen am Fenster vorbei, und der Punsch schmeckt uns auch nicht mehr wie früher.

Heiligabend, kein Tannenbaum, nur ein paar Zweige, geschmückt mit den Überresten von früher, angeblich alles der Umwelt zu Liebe, irgend etwas fehlt uns, aber was???

Nach langem hin und her, fällt es uns wie eine Sternschnuppe von den Augen, jawohl, wir haben jedem eine Freude gemacht nur uns noch nicht, ... eine Idee wurde geboren:

Wir besuchen unseren Knud, er wohnt solange wir ihn kennen auf einem kleinen Boot in Havneby – DK –, sein Alter ist seit Jahren gleichbleibend, ca. 70 Jahre.

Gesagt, getan, das restliche «Menü», eine Flasche Wein, Opas Zigarren, ein neues Sweatshirt und allerlei mehr wurde eingepackt, und ab ging unsere «Christkindsreise» Richtung Dänemark.

Unterwegs war es menschenleer, aus den Fenstern sah man Lichtbögen oder die strahlenden Weihnachtsbäume scheinen, nur wir kamen uns ein bißchen verlassen vor.

An der Grenze sah man uns ganz entgeistert an, denn wir hatten auch für die diensthabenden Beamten eine Kleinigkeit eingepackt, welche wir mit einem – Frohes Weihnachtsfest – überreichten.

Die Fahrt durch Dänemark verlief ebenfalls sehr ruhig, auch hier wieder die niedlichen typischen Fensterdekorationen, Straßen im Weihnachtsschmuck, an denen wir uns in Ruhe erfreuten.

Von weitem sahen wir den Hafen, alles war still und friedlich, und endlich standen wir an der Kaimauer, vor uns lag «Knuds Boot». Da es von innen leicht erleuchtet war, wußten wir, er ist an Bord. Wir zogen an den Tauen, denn eine Klingel gibt es nicht, und nach kurzer Zeit erschien völlig verdattert «unser» Knud. Sein Gesicht fing an zu strahlen wie das eines Kindes, und wir strahlten mit Tränen in den Augen ebenfalls. Zu unserem Erstaunen hatte Knud sich sogar feingemacht (... wir kennen ihn sonst nur in seinen «Alltagsklamotten»). Wir kletterten an Bord und knuddelten uns herzlich ab, denn seit Sommer hatten wir uns nicht mehr gesehen. Nachdem wir es uns gemütlich gemacht hatten, mein Mann auf dem Wasserkanister, Knud auf einem umgestülpten Eimer und ich als Frau durfte auf den einzigen Klapphocker, begann unser zweites Menü: Die Würstchen wurden in einem verbeulten Topf heiß gemacht und samt Kartoffelsalat auf einem mittel- tiefen- und flachen Teller verteilt. Saft und Wein in Plastikbechern gereicht, da Knud nur sehr wenig Besteck besitzt, wurde mit allem möglichen gegessen. Ich hatte die Ehre, ein Messer aus dem 18. Jahrhundert zu bekommen, trotzdem ein unvergeßliches Weihnachtsessen.

Es wurde viel gelacht, und Knud «kramte» in seinen Erinnerungen soviel lustiges über Weihnachten aus seinem erstaunlichen Gedächtnis, (danach müßte er schon über hundert Jahre alt sein). Doch zwischendurch mußte er uns immer wieder drücken, um seine Freude kundzutun, und wir freuten uns mit ihm. Langsam gingen diese Stunden für uns vorbei, der Abschied nahte, und draußen schneite es wie bei einem richtigen Weihnachtsfest.

Als wir uns verabschiedeten, meinte er: ... es war eine so zöne Weihnachten (deutsch-dänisch)... uns allen standen wieder Tränen in den Augen.

Schweigend fuhren wir nach Hause, überall Ruhe, mutterseelenallein, vereinzelt waren noch Fenster erleuchtet, ein Kind probierte seine neuen Rollschuhe im leichten Schnee aus, und an der Grenze hatten die Diensthabenden leicht gerötete Köpfe, war es vom Weihnachtspunsch oder die Freude, bald Feierabend zu haben, um noch ein bißchen «Heiligabend» zu feiern? Auf jeden Fall fuhren wir zufrieden heim und freuten uns nachträglich über diesen schönen Heiligen Abend.

Ingeborg Steudel

Engel sehen manchmal
ganz anders aus

Sagen Sie mal, wie stellen Sie sich eigentlich einen Engel vor? Sicherlich als ein liebes, zartes, freundliches, stilles Wesen, das überall Harmonie und Frieden verbreitet – oder?

Ich wohne in einem ruhigen Haus. Lauter freundliche Leute, kein Klatsch. Im Sommer zog neben mir eine neue junge Mieterin ein. Keiner wußte, woher sie kam und was sie machte. Begegnete ich ihr im Treppenhaus, eilte sie stumm an mir vorbei oder nickte mürrisch mit dem Kopf. Hätte man mich gefragt, wie sie aussieht: roter Schopf und schwarze Stiefeletten.

Jeden Morgen um fünf Uhr schrak ich auf, Türenschlagen, bum, die Treppe hinunter, klack, klack, jetzt die Haustür, das Auto starten – rumm, mit meinem Schlaf war's vorbei. Zweimal sprach ich sie auf den morgendlichen Lärm an, sie zuckte nur die Schultern. «Na ja, ich muß eben so früh zur Arbeit» – mit einem Ausdruck, der sagte: «Na und Sie können noch faul im Bett liegen.» Das Türenknallen wurde von da an noch lauter, und ich gab auf.

Die Weihnachtszeit war gekommen und verbreitete warme Gedanken und Wünsche überall. Da tat mir die Kleine manchmal leid, daß sie so früh in die Dunkelheit hinaus mußte. Eines Morgens hörte ich um fünf Uhr ein Rascheln an meiner Tür, dann leise, ganz leise Schritte die Treppe hinunter, die Haustür wurde sanft geschlossen.

Neugierig schlich ich mich im Halbschlaf an die Tür. Die war rundherum mit glitzernden Sternen beklebt, und an einem goldenen Band baumelte in der Mitte ein Weihnachtsengel, lieblich und freundlich. Ich schaute aus dem Fenster, sah gerade noch einen roten Schopf im Wagen verschwinden, dann sauste er schon um die Ecke.

Nie mehr habe ich morgens etwas gehört – nur manchmal ein leises Rascheln.

Dietrich Sattler

Die Bombenlichter

Immer wenn ich durch die weihnachtlichen Straßen gehe im Glanz der Schaufenster und der vielen Lichter, dann muß ich an «unsere Bombenlichter» denken in jener dunklen Zeit.

Es war im schlimmen Hungerwinter 1946 nach dem

Kriege. Die Trümmer der Städte und die Kälte zwangen die Menschen, in ihren ärmlichen Unterkünften und engen Wohnungen zusammenzurücken. Und die dunklen Stunden, wenn wieder einmal Stromsperre war, brachten sie noch näher zusammen. Denn im Dämmern, wenn die Konturen verschwimmen oder wenn nur der Schein eines Lichtes an der Wand seine Schatten malt, dann redet es sich leichter und die Herzen öffnen sich bereitwilliger. So kann es sogar im Finstern anheimelnd freundlich und hell werden.

Ich war damals erst achtzehn Jahre alt und Kriegsgefangener in der britischen Besatzungszone. Wir waren dazu eingesetzt, die böse Hinterlassenschaft des Krieges aufzuräumen.

Wie gewöhnlich fuhren wir auch an diesem neblig-trüben Novembertag zur Arbeit ins Munitionslager. Fröstelnd mit klammen Fingern machten wir uns daran, einen großen Haufen verrosteter Bomben aufzuladen. Da gab es eine Verzögerung. Der Bombenspezialist unseres Kommandos war mit Schraubenzieher und Hammer dabei, eine Bombe genauer zu untersuchen. Sie schien irgendwie aufgeplatzt zu sein. Eine gelblich schmutzige Masse war herausgequollen. «Menschenskinder, wißt ihr, was das ist? Paraffin! Das sind Übungsbomben voll Paraffin.» – «Ist das nicht das Zeug, woraus Kerzen gemacht werden?»

Mit einemmal sind wir alle wie elektrisiert. Die gedrückte fröstliche Stimmung ist wie weggeblasen. Alle drängen sich näher heran. Eine lebhafte Geschäftigkeit setzt ein rings um die verrosteten eisernen Ungetüme. Ein Hämmern und Meißeln beginnt, um den kostbaren Inhalt herauszuholen. Immer mehr Kisten werden gefüllt. So eifrig und ganz freiwillig sind alle bei der Sache, wo sonst nichts ohne Befehl und Antreiben passiert. Der trübe graue Novemberhimmel hat mit einemmal für uns einen hoffnungsvollen adventlichen Schein.

Abends in unseren Stuben im Lager, wo wir sonst meist nur erschöpft aufs Bett fielen, beginnt ein buntes Treiben. Hier, wo wir früher uns so oft vor Langeweile anödeten, ist nun ein fröhliches Durcheinander. Es gibt viel zu erzählen, jeder hat was zu tun. Unsere Kriegsgefangenenbude wird zur Werkstatt des Weihnachtsmannes. In großen Blechdosen wird überall auf den Kanonenöfchen Paraffin geschmolzen. Dochte werden zugeschnitten und eingetaucht. Bald haben wir es heraus, wie Kerzen gezogen werden. Süßlicher Kerzenduft zieht durch alle Flure.

Mit einemmal fühlen wir uns so reich. Wir, die wir sonst sehnsüchtig – und oft enttäuscht – auf Post und Päckchen warteten, wir können nun selber Pakete packen und andere beschenken. Unsere Bombenlichter, zwar knistern sie und räuchern sie etwas; den Docht mußt du immer mal mit einer Schere kürzer schneiden, und doch, was sind sie für ein kostbarer Schatz in dieser Zeit. Denn am reichsten bist du ja, wenn du selber schenken kannst. Und es ist am schönsten, wenn es keiner von dir erwartet und es eine richtige Überraschung ist. So fühlten wir uns selbst als die am meisten Beschenkten in diesen Weihnachtswochen. Und das ging immer weiter, als dann die Dankesbriefe kamen.

Da war eine Tante, aus Westpreußen geflüchtet, mit ihren drei Kindern, sieben, sechs und drei Jahre alt, war sie in zwei feuchten Kellerräumen untergebracht. Und nun war es Winter, die Fenster waren zugefroren, Reif glitzerte an den Wänden, und morgens weinten die Kinder vor Kälte. Ausgerechnet jetzt ging auch noch die elektrische Birne über dem Herd kaputt, und es war keine neue zu bekommen. «Für das kleine Tannenbäumchen hatten wir mit großer Müh und Not noch drei Lichtstümpfchen aufgespart, das war alles. Da kam zwei Tage vor dem Heiligen Abend Dein großes Paket. Unbeschreiblich! Du kannst mir glauben, wir haben beim Auspakken alle vor Freude geheult.»

Später, als wir längst wieder alles zu kaufen bekamen, habe ich mich manchmal gefragt, ob die Jüngeren sich überhaupt vorstellen können, wie wenig selbstverständlich diese Lichterpracht ist. Und immer, wenn ich meinen eigenen Kindern den Christbaum schmückte und die Kerzen anzündete, fielen mir die Bombenlichter ein aus jener dunklen Zeit.

Als dann die Kinder groß waren, gingen sie mit der Friedensbewegung auf die Straße. «Schwerter zu Pflugscharen», hieß die Losung, das war das Hoffnungszeichen. Und wieder mußte ich daran zurückdenken, wie ich selbst Waffen und Bomben fortzuräumen hatte. «Schwerter zu Pflugscharen!» Hatte ich das eigentlich nicht selbst erlebt, vielleicht sogar noch schöner, als wir mit unseren Händen aus Bomben Weihnachtslichter machten?

Dagmar Eulitz

Mein erstes Weihnachtsfest

Im Alter von drei Jahren erlebte ich das erste Weihnachtsfest, an das ich mich bruchstückhaft noch heute erinnern kann.

1946 waren wir nach der Vertreibung aus Ostpreußen bei einem Bauern in Niedersachsen untergekommen. Am Heiligen Abend saßen meine Mutter, meine Schwester und ich unter einem spärlich geschmückten Fichtenbäumchen und warteten auf den Weihnachtsmann. Meine Furcht war entschieden größer als die Vorfreude, und ich weiß noch, daß meine Blicke immer wieder unter den Tisch wanderten, um zu prüfen, ob ich dort im Notfall eine Zuflucht finden würde.

Mein Vater führte den Weihnachtsmann herein. Da stand er, türrahmenausfüllend mit seinem roten Mantel, der roten, spitzen Mütze, der Rute für die bösen Kinder und dem lockigen, weißen Bart, hinter dem sein Gesicht fast völlig verschwand. Auf dem Rücken trug er den gefüllten Gabensack für die braven Kinder. Nun ragte er hoch über uns. Freundlich-streng, wie alle Weihnachtsmänner, fragte er: «Wart ihr auch immer artig?»

Ganz sicher war ich mir nicht, aber ich wußte auch nicht, was ich hätte beichten sollen. So konnte ich nur stumm nikken. Zwar schien der Weihnachtsmann nicht so böse zu sein wie befürchtet, aber vertrauen konnte ich ihm auch nicht so recht. Ich war erleichtert, als er wieder verschwand, nachdem er unter lauter gebrummelter Ermahnungen und geheimnistuerischem Wühlen für meine Schwester und mich je einen Apfel und zwei Walnüsse aus seinem Sack ans Tageslicht befördert hatte.

Später erzählten alle Flüchtlingskinder übereinstimmend, daß sie einen Apfel und zwei Walnüsse bekommen hatten.

Der deutschen Sprache war ich noch nicht vollständig mächtig, und so hatte ich große Probleme mit einem Weihnachtslied.

«Zwei Engel sind hereingetreten,
kein Auge hat sie kommen seh'n.
Sie geh'n zum Weihnachtstisch und beten
und wenden wieder sich und geh'n.»

Das war doch nun merkwürdig. Wo waren die Engel bloß hereingetreten? Für mich als Kind vom Lande gab es nur eine einleuchtende Antwort: in einen Kuhfladen! Wo sonst konnte man hereintreten?

Für mich war diese Vorstellung keineswegs komisch, sondern heiliger Ernst. Ich sah die Szene genau vor mir, sah die beiden Engel als graue, hohe Gestalten. In ihrer Haltung lag etwas unnahbar Strenges und zugleich sanft Geneigtes. Ein geheimnisvoll schimmerndes Licht unbestimmter Herkunft glänzte um ihre Flügel. Und diese ehrfurchtgebietenden Wesen waren gerade in unserem Dorf in einen Kuhfladen getreten! Ich fürchtete ihren Zorn, aber sie waren weder erschrocken noch böse, sondern lenkten ihre Schritte völlig unbekümmert geradewegs auf «unseren» Bauernhof zu.

Wo würden sie mit ihren schmutzigen Schuhen hingehen? Würden sie in unsere Wohnung kommen? Nein, sie blieben in dem Stall, der unter unseren Zimmern lag. Dort knieten sie vor einer riesigen, leeren Holzplatte, die auf vier Beinen stand. Das war in meiner Vorstellung der Weihnachtstisch. Die Engel beteten, und um sie herum war es still. «Kein Auge hat sie kommen seh'n.» – Ich verstand wohl, daß niemand die Engel erblicken durfte. Deshalb konnten sie ja auch nicht in unsere Wohnung kommen; denn mir wären sie nicht entgangen. Ich hätte sie bestimmt gesehen. Aber kein Auge, das gab es für mich einfach noch nicht. Also stellte ich mir ein einzelnes Auge vor –, wie könnte es anders sein: ein riesiges Kuhauge, das meine Phantasie an einen Holzbalken an der Decke des Stalles festklebte. Kein Auge, das konnte eben nur ein Auge sein, das nichts sah. Das Kuhauge hing glibberig und eklig an der Decke und starrte blicklos herab. Kein Wunder, daß die Engel nicht bleiben mochten und bald wieder gingen!

So leer wie ich mir vorgestellt hatte, war unser Gabentisch dann doch nicht. Unser Vater hatte eine Puppenstube für meine Schwester und mich gebastelt. Ich war überwältigt bei ihrem Anblick. Doch als ich dann anfing, mit diesem herrlichen Geschenk zu spielen, zeigte sich, daß meine Finger für das zarte Gebilde zu ungeschickt waren. Ich warf ein Stühlchen um, stieß an den Schrank und haute dem Püppchen auf den Kopf. Ich wurde ausgeschimpft und mußte begreifen, daß ich ein rechter Trampel war. Meine vier Jahre ältere Schwester konnte das alles viel besser. Ich gab es bald auf. Was mit Entzücken begonnen hatte, endete in Resignation und Trauer.

Der Weihnachtsmann, dessen Gesicht ich hinter dem riesigen Bart nicht sehen konnte, die Puppenstube, die mir vor Augen führte, was für ein hilfloser Tollpatsch ich noch war, das tote Kuhauge, die hoheitsvollen Engel mit den kuhfladenbeschmierten Schuhen – das alles bewirkte bei mir eher Enttäuschung und Angst.

Aber dennoch muß das Schöne größer gewesen sein als meine kindlichen Mißverständnisse und Schrecken; denn ich wurde ein Kind mit einer großen Vorliebe für das Weihnachtsfest.

Die Bäumchen strahlten alljährlich heller und bunter. Ich lernte mit weißen Decken verhüllte Gabentische voller Überraschungen kennen und schnupperte mit Wonne die Düfte nach Tannen, Kerzen, weihnachtlichem Backwerk und Gänsebraten, die verheißungsvoll durch die Wohnung zogen. Ich lernte die Weihnachtslieder zu singen. Angst und Beklemmung verwandelten sich in Freude.

Und doch muß bei dieser Verwandlung wiederum etwas Schönes, Ursprüngliches verlorengegangen sein; denn es erschien kein geheimnisvoller Weihnachtsmann mehr, der Mitleid mit den Flüchtlingskindern hatte. Wohl kam noch einige Male ein rotbemäntelter Mann mit weißem Bart und einem Sack voller Geschenke, doch die Gestalt dieses Mannes erinnerte mich verblüffend an meinen Opa, der aus seltsamen Gründen gerade bei der Bescherung immer abwesend war.

Mein Vater mußte nichts mehr für uns basteln; denn in den Geschäften wurde das Warenangebot immer reichhaltiger.

Zugleich wurden die Engel kleiner, wurden pausbäckig und lieblich und trugen niedliche Flügel und himmelblaue Kleidchen mit goldenen Sternen. Sie stapften nicht mehr durch Kuhfladen, um die Menschen zu besuchen und in den Ställen an roh gezimmerten, leeren Weihnachtstischen zu beten. Sie schwebten jetzt in duftigen Wolken auf kleinen Glanzbildchen aus dem Kaufhaus.

Doch will mir heute scheinen, daß gerade meine ersten, hohen, grauen, Schrecken und Trost verbreitenden Kinderengel die richtigen, wahren Weihnachtsengel gewesen sind.

Ingrid Hamelmann
Das Weihnachtswunder

Jedes Jahr in der Weihnachtszeit dachte sie wieder an jene seltsame Begebenheit in ihrer Kindheit zurück. Immer, wenn sie den Baum für ihre Familie schmückte, sah sie in Gedanken die kleine spärliche Fichte in dieser erbärmlichen dunklen Küche, die sie mit ihren Eltern und Geschwistern damals bewohnte.

Die ganze Hilflosigkeit und Erniedrigung der Heimatlosen in der Zeit nach dem Krieg wurde ihr wieder gegenwärtig. Doch wie ein warmes helles Licht kam ihr dann auch die Erinnerung an ihr Weihnachtswunder, wie sie es nannte.

Da war vor dem Dorf, in das sie verschlagen worden waren ein kleiner Kiefernhain. «Das Zigeunerwäldchen», sagte man im Dorf. Dort hatten die fahrenden Leute wohl früher ihre bunten Wagen abgestellt. Jetzt war das Ganze zu einer Gerümpelhalde heruntergekommen. Zerbrochene Stühle, aufgeschlitzte Sofas, verrostete Öfen und überflüssiger Hausrat lagen verstreut zwischen Bäumen und Gestrüpp. Eine Fundgrube für die, die nichts mehr hatten und alles gebrauchen konnten. Sie hatten so manches wieder herrichten können.

Eines Tages, kurz vor Weihnachten, stöberten die Kinder wieder dort herum. Plötzlich entdeckten sie einen verschnürten Karton. Sie stießen vorsichtig mit dem Fuß daran, einer hob zögernd das verdächtig sauber aussehende Paket hoch und schüttelte es etwas. Ganz leicht war es, und es raschelte darin. Da weiter nichts Verdächtiges geschah, siegte die Neugier, und die Kinder knoteten das Band auf. Sie hoben den Deckel ab und – waren ganz erschrocken vor Freude und Verwunderung. Vor ihnen lag ein ganzer Kasten voll Christbaumschmuck!!

Da brach ein Jubel los! Sie liefen, was sie konnten, mit ihrem Fund zur Mutter ins Dorf. Die wußte gar nicht, was sie sagen sollte; wollte erst nicht glauben, was die Kinder erzählten. Aber dann freute sie sich mit ihnen und in ihre Augen trat ein frohes Leuchten. Nun konnte sie, wie alle im Dorf, ihren Kindern auch ein Bäumchen schmücken.

Wie zauberhaft glänzten die silbernen und rotgoldenen Glöckchen und Kugeln! Kleine bunte Vögelchen mit langen Schwänzen aus gesponnenem Glas schwebten zwischen den Zweigen, und der matte Schein der wenigen Kerzen spiegelte sich in ihnen und in den Augen der Kinder.

Trotz aller Dürftigkeit war es ein glücklicher Heiliger Abend.

In all den kommenden Jahren schmückte die Mutter den Weihnachtsbaum mit dem gefundenen Schmuck. Und in jedem Jahr konnten sie und die Kinder sich nicht genug wundern, und rätselten, wie er wohl in das Zigeunerwäldchen gekommen war.

Als dann der Vater aus der Gefangenschaft heimgekehrt war, normalisierte sich das Leben wieder. Der Vater fand Arbeit in der Stadt und bald auch eine Wohnung. Die Familie zog dorthin um. Nun ging es ihnen wieder gut. Sie hatten Geld, und es gab auch etwas dafür.

Der Winter kam und mit ihm die Adventszeit. Vater und Mutter gingen zum erstenmal wieder gemeinsam einen Christbaum kaufen. Es sollte eine echte Tanne sein.

Am Tag vor dem Heiligen Abend suchte die Mutter den Karton mit den silbernen Kugeln, rotgoldenen Glöckchen und bunten Vögelchen. Sie suchte lange und überall, aber sie konnte ihn nicht finden. Er ist auch später nie wieder zum Vorschein gekommen.

Damals hatte die Mutter den Kindern allerlei von Rübezahl erzählt. Aber gab es den denn noch? Und hier?

Eva Behrens

Weihnachtsgeschichte

Vorweihnachtszeit – natürlich wollte mein kleiner, fast vier-
jähriger Enkel, Daniel, nichts anderes hören, als Geschichten
vom Nikolaus oder Weihnachtsmann. Wir blätterten in
einem Bilderbuch; auf jeder Seite der große freundliche Herr,
mal den Schlitten ziehend, vollgepackt mit Geschenken,
dann wieder inmitten seiner Engelschar, die artig zu ihm
aufschaute und berichtete, daß ihre Händchen vom vielen
Päckchenpacken ganz müde seien. Daniel blickte mich nachdenklich an. Mit welcher Frage würde er jetzt wieder
Höchstanforderungen an meine Phantasie stellen? Da legte er
sein kleines Fingerchen auf den Weihnachtsmann, tastete genau die Konturen ab. «Momo», sagte er, «warum ist der
Weihnachtsmann keine Frau?» Herrjeh, das war eine gute
Frage! Angespannt und sprachlos saß ich da, den Knirps auf
dem Schoß, unfähig, auch nur einen der wild durcheinander-
purzelnden Gedanken zu fassen. Was sollte ich ihm erzählen?
Daß auch ich – just in diesem Moment – darüber nachdachte!
Daß ich bei seiner Frage sehr alarmiert feststellte, in nicht
nachweisbaren Bereichen auf eine männliche Domäne zu sto-
ßen! Da waren Jesus, *der* Teufel, *der* liebe Gott, *der* heilige
Geist und jetzt auch noch *der* Weihnachtsmann! Darüber
mußte ich mir ein andermal Gedanken machen, entschied
ich, jetzt galt es, schnell eine Erklärung zu finden für Daniel,
der ja mit seiner Mutter alleine lebte und sicher Güte, Wärme
und auch Geschenke als etwas Weibliches anzusehen schien.
Eine logische Frage! Aber woher die richtige Antwort nehmen? Daniel ließ mich nicht aus den Augen. «Momo», sagte
er, und dieses Mal klang es energischer, «warum ist der
Weihnachtsmann keine Frau?» – «Sieh mal, Daniel», sagte
ich und versuchte überzeugend zu klingen, «eines Tages, als
das Christuskind sehr müde von seiner Weihnachtsreise in

26

den Himmel zurückgekehrt war, beschloß es, in den folgenden Jahren jemand anderen auf die Erde hinunterzuschicken. Jemand, der stark und kräftig ist und gerne Päckchen verteilt...» – «Wie der Briefträger, Momo?» unterbrach mich mein Enkelsohn. Ein Glück, ich war auf der richtigen Spur! «Nein, Daniel, der Briefträger bringt ja nur Zeitungen, Briefe und kleine Päckchen, aber wie euer Postbote, der das gelbe Auto fährt.» Da blitzte es in seinen Augen! «Aber das fährt doch eine Frau!» rief er triumphierend – ich hatte plötzlich keine Stimme mehr und... etwas, ein bißchen, gegen... die Emanzipation.

Peter H. Berthold

Schokolade für Pitcairn

Irgendwann im September, die Sommerferien waren gerade zu Ende gegangen, schrieb ich meinen Weihnachtsbrief. Die Schokolade hatte ich auch schon gekauft. 50 kleine Täfelchen lagen vor mir, alle hatte ich zusätzlich in durchsichtige Folie verpackt und mit einem bunten Band verschnürt.

Der Postbeamte blätterte hilfesuchend in einem dicken Gebührenverzeichnis. Ein Paket nach Pitcairn hatte er noch nie abgefertigt. Davon gehört hatte er auch noch nie.

«Bestimmt haben Sie schon davon gehört», scherzte ich und begann zu erzählen. Vor etwa 200 Jahren sollte ein englisches Schiff Brotfruchtsetzlinge aus Tahiti holen und in die Karibik bringen, damit die Sklaven auf den britischen Besitzungen dort ernährt werden können. Ihr Schiff war die legendäre «Bounty».

Die schönen braunhäutigen Mädchen mit schwarzen langen Haaren auf Tahiti hatten es den englischen Matrosen angetan. Und weil der Kapitän der «Bounty» seiner Mannschaft nicht erlaubte, länger bei den schönen Mädchen in der Südsee zu bleiben, meuterte die Besatzung. Der Kapitän und einige ihm treu gebliebene Begleiter wurden auf hoher See in einem kleinen Boot ausgesetzt. Die «Bounty» jedoch kehrte nach Tahiti zurück, nahm für jeden Matrosen eine Eingeborene mit an Bord und fuhr hinaus aufs Meer.

Die Meuterer mußten mit dem Galgen rechnen, wären sie entdeckt worden. So suchten sie sich eine einsame Insel im Pazifischen Ozean als Bleibe, wo sie auch über viele Jahre unentdeckt blieben. Und das war die Insel Pitcairn.

«Und was haben Sie mit den Meuterern zu tun?» fragte der Postbeamte.

«Die Meuterer sind schon lange tot», erwiderte ich. «Aber ich habe einige Freunde, die auf der Insel wohnen. Es sind nicht mehr viele von ihnen übriggeblieben. Nur noch 50 Menschen leben dort, die aber alle die Namen der berühmten Meuterer von damals tragen. Und das hier ist mein Weihnachtsgeschenk, was ich jetzt abschicken möchte.»

«Auslandspakete können noch bis Ende Oktober eingeliefert werden», meinte der Beamte.

«Aber nicht nach Pitcairn», erwiderte ich. «In Pitcairn ist nämlich alles anders. Dort gibt es keinen Flugplatz, keine Autos, kein Fernsehen und keinen Hafen. Nur alle drei Monate hält ein Schiff kurz vor der Insel auf seinem langen Weg von Auckland nach Panama. Dann müssen die Pitcairner mit einem schmalen Boot hinaus aufs Meer fahren und im tosenden Wellengang die Postsäcke und Warenlieferungen entgegennehmen.

Irgendwann, kurz vor Weihnachten, wird dann dieses Paket an einem Seil ins Boot gelassen und hoffentlich trocken an Land gebracht werden.

Die Post ist für die Pitcairner immer eine willkommene Abwechslung, besonders das Postschiff vor Weihnachten.

Dann läutet der Inselpostmeister eine Schiffsglocke, und die ganze Bevölkerung versammelt sich auf einer großen

Wiese. Nachdem die Pakete ihren Zollstempel erhalten haben, die Einschreiben registriert sind, werden die Sendungen verteilt, und jeder hofft, daß auch für ihn etwas dabei ist.

Und weil ich nicht möchte, daß irgend jemand zu Weihnachten keine Post bekommt und enttäuscht ist, habe ich für jeden Pitcairner ein Täfelchen Schokolade eingepackt.

In Pitcairn wird Weihnachten als gemeinsames Fest aller Bewohner gefeiert. Das ist ein Ereignis, worauf sich Kinder und Erwachsene das ganze Jahr über freuen. Jeder packt irgendein Geschenk ein und hängt es an eine Palme oder an einen Baum auf dem Versammlungsplatz. Dann wird gemeinsam gegessen. Es gibt Fisch, Fleisch, Gemüse und tropische Früchte.

Abends, wenn die Sonne im Pazifischen Ozean untergeht, werden Laternen angezündet, und dann beginnt Weihnachten. Es wird dunkel. Am schwarzen Südseehimmel kommen die Sterne heraus. In der Ferne hört man die Meeresbrandung. In der Luft liegt der Duft von Hibiskus und anderen tropischen Pflanzen. Ein warmer Wind weht in der Heiligen Nacht. Aus der alten Schiffsbibel, die noch von der «Bounty» erhalten ist, wird die Weinachtsgeschichte gelesen, und dann singen alle Inselbewohner gemeinsam Weihnachtslieder.

Schließlich kommt der Zeitpunkt, worauf alle gewartet haben, am ungeduldigsten die Kinder. Jeder darf sich ein Päckchen von den Bäumen und Palmen rund um den Versammlungsplatz abschneiden.

Und dieses Weihnachten hängt für jeden Pitcairner auch ein kleines Päckchen mit Schokolade an den Palmen.»

Der Postbeamte hatte, während ich erzählte, seine Arbeit unterbrochen und sich staunend meine Geschichte angehört. Eine lange Schlange von Wartenden hatte sich hinter mir am Paketschalter gebildet.

Es war still im Schalterraum. Meine Weihnachtsgeschichte im September mit der Schokolade für Pitcairn hatten viele Menschen gehört.

Mit größter Sorgfalt klebte der Postbeamte verschiedene Nummern und Aufkleber auf den Karton und legte dann das Paket andächtig auf eine Palette mit den Auslandspaketen. Seine Augen schauten etwas glasig in die Ferne.

«Das hatte ich wirklich noch nicht», murmelte er kopfschüttelnd, «Schokolade für Pitcairn.»

Christel Sauerborn

 ## Flötentöne

Das schönste Weihnachtsfest meiner Kinderzeit war jenes, an dem mein Vetter Lothar vom Thron fiel – wegen der Flötentöne.

Wie immer war er mit seiner Mutter zum Fest Gast in unserem Haus. Ich verachtete diesen meinen einzigen Vetter von ganzem Herzen, denn er war ein Streber. Nicht nur, weil er immer die besseren Zensuren im Zeugnis hatte, weshalb ich mir dauernd ein Beispiel an ihm nehmen sollte, er konnte auch sämtliche Strophen von «O du fröhliche» und brachte Jahr für Jahr das Kunststück fertig, unter dem brennenden Christbaum ein ellenlanges Weihnachtsgedicht auswendig und ohne einen Versprecher aufzusagen. Seine selbstgebastelten Geschenke waren zudem so akkurat, daß ich mit meinen Häkeldeckchen und Topflappen, die aus unerfindlichen Gründen oftmals schief und krumm gerieten, niemals Lorbeeren erntete. Als dann an einem Weihnachtsfest die Sache mit dem Lesezeichen und dem Baumkuchen passierte, konnte ich Vetter Lothar überhaupt nicht mehr ausstehen.

Das Lesezeichen hatte ich von meiner letzten Mark für ihn erstanden. Er legte es mit einem verächtlichen ‹gekaufter Schiet› beiseite und rührte es nicht mehr an. Was den Baumkuchen anging, so nahm er während der Kaffeetafel bescheiden nur ein ganz kleines Stück, um sich später in der Küche fast einen ganzen Ring davon unter den Nagel zu reißen. Diese gefräßige Untat wurde mir angelastet, und mein lieber Vetter tat nichts, um den Irrtum aufzuklären.

Nun standen Tante samt Vetter also wieder vor der Tür. Noch in Hut und Mantel zwinkerte Tante meiner Mutter bedeutungsvoll zu und wisperte: «Nicht wahr, du hast es doch nicht vergessen...?» Mutter stutzte, dann sauste sie in die Küche, wo Vater gerade dabei war, den traditionellen Weihnachtskarpfen mit Essig einzureiben, auf daß er, in der zugigen Speisekammer schön blau davon werde. Es gab ein hastiges, leise geführtes Wortgefecht. Danach zog meine Mutter mich mit betretener Miene ins elterliche Schlafzimmer und offenbarte mir ein, wie sie sagte, schreckliches Unglück: Vetter Lothar hatte sich eine Blockflöte gewünscht, aber niemand war auf die Idee gekommen, sie zu besorgen. Ich wußte nicht, was daran so schrecklich war. Seit Jahren wünschte ich mir einen Trommelaffen, seit Jahren dachte niemand daran, ihn zu besorgen, aber eine Familienkrise war deswegen noch nie ausgebrochen. Bei meinem mustergültigen Vetter lag die Sache aber wohl anders, denn ich wurde beauftragt, unverzüglich in die Stadt zu traben, um irgendwo noch eine Blockflöte aufzutreiben.

Welch unsinnige Idee, es war doch schon nach zwei Uhr und alle Läden mit Sicherheit geschlossen. Sei's drum, ich wanderte los und war sogar recht vergnügt, denn nun mußte ich nicht den Meerrettich reiben. Mein Vater, der tafelfertigen Meerrettich im Glas für eine Sünde wider den guten Geschmack hielt, bestand eisern darauf, daß das scharfe Teufelszeug zum Weihnachtskarpfen immer frisch aus der Wurzel gerieben wurde. Meerrettich reiben ist zehnmal schlimmer als Zwiebeln schneiden. In der Stadt war es still, alle Ladentüren geschlossen, nichts zu machen mit der Flöte, doch dann bemerkte ich in einem kleinen Musikaliengeschäft einen Mann, der im Schaufenster hockte, um die Beleuchtung zu richten. Ich klopfte an die Scheibe und zeigte bittend auf eine der ausgestellten Blockflöten. Der freundliche Mann öffnete darauf tatsächlich noch einmal seine Ladentür und verkaufte mir das Ding. Nach «O du fröhliche» und dem ellenlangen Weihnachtsgedicht packte Vetter Lothar die Flöte aus, setzte sich auf den Teppich und begann, sie auszuprobieren. Pauken und Trompeten sind laut, eine Blockflöte ist dagegen ein vergleichsweise leises Instrument, aber ungeheuer durchdringend, besonders, wenn man darauf übt. Lothar übte und übte. Ob er zwischendurch nicht mal das neue Buch anschauen wollte, wurde er gefragt. Lothar wollte nicht schauen, Lothar wollte blasen. Später versuchte man, ihn zu einem Gesellschaftsspiel zu überreden. Lothar wollte nicht spielen, denn ehrgeizig wie er war, hatte er sich entschlossen, noch am Christabend der versammelten Familie ein glockenreines ‹O Tannebaum› zu blasen.

Die Flötentöne füllten unentwegt durchdringend das ganze Haus. Dann platzte meinem Vater der Kragen: «O du verfluchtes Flötenspiel», schrie er höchst unfeierlich, dann sah er entschuldigend in die Runde und erklärte, dies sei ein Zitat und stamme von Friedrich dem Großen. Sofort setzte Vetter Lothar darauf die Flöte ab und sagte mit unüberhörbarem Tadel in der Stimme: «Das heißt nicht ‹verfluchtes Flötenspiel›, es heißt ‹unglückseliges Flötenspiel›! Außerdem stammt es nicht von Friedrich dem Großen, sondern von Friedrich von Schiller!» Dann fuhr er fort, Flötentöne von sich zu geben.

In diesem Augenblick fiel mein Vetter Lothar vom Thron, ohne daß er es bemerkte. Samt Tante wurde er nie wieder zum Weihnachtsfest eingeladen, und ich wurde von Stund an nicht mehr aufgefordert, mir ein Beispiel an ihm zu nehmen.

Susana Röckseisen

✗ ... und es gibt ihn doch!

Dieses Erlebnis hatte ich, als ich etwa fünf Jahre alt war. Ich möchte es erzählen, weil es mir damals viel zu denken gab: Drei Tage vor Heiligabend war Schnee gefallen. Gerade noch rechtzeitig, denn ein Weihnachten ohne Schnee wollte ich mir nicht vorstellen. Doch dieses Jahr konnte ich mich gar nicht so recht auf Weihnachten freuen. Da waren so viele Dinge, die mir im Kopf herumspukten. Als mich Mama vom Kindergarten abholte, bemerkte sie, wie still und nachdenklich ich war. «Was ist denn los mit dir?» fragte sie besorgt. «Sonst warst du doch immer so fröhlich vor Weihnachten.»

Da schossen mir die Tränen in die Augen. Zugleich stolperte ich und plumpste in den Schnee. Erschrocken hockte sich Mama zu mir hinunter und drückte mich ganz fest in die Arme. «Duuu Mamiii?» schluchzte ich. «Tanja hat gesagt, es gibt gar keinen Weihnachtsmann!» – «Wie kommt sie denn darauf?» wollte Mama wissen und klopfte mir den Schnee von der Hose. «Tanja sagt, ihr Bruder hat gesagt, daß ihn noch niemand gesehen hat», nuschelte ich durch das Taschentuch, mit dem sie mir gerade die Nase putzte. Mama überlegte einen Moment, dann sagte sie: «Wenn man etwas gesehen hat, ist es einfach zu sagen: Das gibt es. Aber wenn noch keiner den Weihnachtsmann gesehen hat, ist das noch lange kein Beweis dafür, daß es ihn nicht gibt!»

Das klang für mich sehr überzeugend. Aber ganz beruhigt war ich noch nicht. So öffnete ich die letzten drei Türchen meines Adventskalenders fast ängstlich. Auch die Schokolade da drin mochte mir nicht so recht schmecken, denn jedes Türchen brachte mich dem großen Tag näher. Ob dieses Jahr jemand den Weihnachtsmann sehen würde? Und wenn es ihn wirklich gab – würde er dann überhaupt noch zu mir kommen? Oma hatte immer erzählt, daß er unnütze Kinder mit seiner Rute schlägt. Und nicht an ihn zu glauben, war doch sicher das Unnützeste, was es geben konnte! Ich hatte schreckliche Angst davor, daß er mir böse sein könnte.

Dann war Heiligabend. Mit Unbehagen hörte ich es hinter der Stubentür geheimnisvoll knistern und rumpeln. Sicher würden alle außer mir schöne Geschenke unter dem Tannenbaum finden! Ich rannte in mein Zimmer und vergrub mich tief in meinem Bett. Als Mama und Papa meine Schwester und mich zur Bescherung in die Stube riefen, kroch ich dann doch hervor. Mit ängstlich zusammengekniffenen Augen trat ich in die Stube. Meine Eltern lachten, da öffnete ich vorsichtig ein Auge. Wie erleichtert war ich, als ich die vielen bunten Geschenke unter dem Tannenbaum erblickte! Sofort machten wir uns ans Auspacken. Zuerst natürlich das größte Paket. Wir rissen das Papier herunter, und ein schöner roter Schlitten glänzte uns entgegen. Den wollten meine Schwester und ich natürlich sofort ausprobieren! So zogen wir schnell die dicken Winterjacken an und stürmten nach draußen.

Auf dem Weg zur Pforte stolperte ich über etwas auf dem Weg. «Was ist das?» fragte meine Schwester und schaute mir neugierig über die Schulter. Ich hob es auf. Es war – eine rote Zipfelmütze! «Die hat bestimmt der Weihnachtsmann verloren, als er uns die Geschenke brachte!» meinte meine Schwester. «Der Arme!» rief ich entsetzt. «Dann bekommt er jetzt ganz kalte Ohren.» In Gedanken sah ich den Weihnachtsmann mit Rauhreif im Bart durch den eisigen Schneesturm stapfen. Und unter den wehenden weißen Haaren leuchteten seine rotverfrorenen Ohren. Schnell rannten wir zurück ins Haus.

«Da können wir wohl nicht viel machen», Papa zuckte bedauernd mit den Achseln, «vorbeibringen können wir dem Weihnachtsmann seine Zipfelmütze jedenfalls nicht, denn wer weiß, wo genau er da draußen am Nordpol wohnt. Und im Fundbüro wird er die Mütze wohl kaum suchen.» Doch

Mama hatte eine Idee: «Was haltet ihr davon, wenn wir die Mütze bis nächste Weihnachten aufheben, dann legen wir sie wieder auf den Weg, genau da, wo ihr sie gefunden habt, und wenn sie dann nach der Bescherung verschwunden ist...» Mama nickte mir lächelnd zu, und ich jubelte: «... dann wissen wir ganz sicher, daß es wirklich einen Weihnachtsmann gibt!»

So hing die Zipfelmütze das ganze Jahr über an unserer Garderobe, damit wir sie nicht vergaßen. Doch an Vergessen war gar nicht zu denken! Noch nie habe ich so ungeduldig die Tage bis Weihnachten gezählt! Endlich war wieder Heiligabend. Schon bevor es dunkel wurde, schoben meine Schwester und ich einige Süßigkeiten, die wir aufgespart hatten, in die Mütze. Warum sollte nicht auch der Weihnachtsmann mal etwas geschenkt bekommen? Dann legten wir die Zipfelmütze dort auf den Weg, wo wir sie im vergangenen Jahr gefunden hatten.

Als Mama und Papa von unten «Bescherung!» riefen, stürzten wir uns zum erstenmal nicht sofort auf die Geschenke. Dazu waren wir viel zu gespannt, ob der Weihnachtsmann seine Mütze mitgenommen hätte. Wir liefen hinaus in den Garten und suchten den Weg nach der Mütze ab, doch sie war verschwunden. Fröhlich kehrten wir ins warme Haus zurück. Nun konnte die Bescherung beginnen. Doch das schönste Geschenk für mich war, daß der Weihnachtsmann seine Zipfelmütze wieder mitgenommen hatte, denn nun konnte ich ganz sicher sein, daß es ihn wirklich gab. Und Tanja staunte nicht schlecht, als ich ihr die Geschichte erzählte.

Alfred Henkmann

Heiligabend beim Michel 1948

Heiligabend 1948 in Hamburg. Ich war erst wenige Wochen zuvor aus langjähriger Kriegsgefangenschaft heimgekehrt, zweiundzwanzig Jahre alt und ohne ein rechtes Zuhause. Niemand wartete auf mich, es gab kein Weihnachtszimmer und keinen Tannenbaum.

Während anderswo der Heilige Abend gefeiert wurde, Kerzen am Baume Hoffnung verhießen, wanderte ich spät abends durch die fast menschenleere, zerbombte Stadt, stieg hier und da in eine kaum besetzte U-Bahn ein, nach ein paar Stationen wieder aus, ging weiter, hörte Kirchenglocken von nah und fern durch die fast gespenstisch wirkende Stille der zerstörten Stadt rufen, traf kaum auf Menschen, sah aber noch vereinzelt Tannenbäume in den Fenstern der heil gebliebenen Häuser leuchten, und manchmal hörte ich die leisen Klänge eines Weihnachtsliedes. Es ging bereits auf Mitternacht zu.

In meiner Ziellosigkeit war ich in der Neustadt gelandet und befand mich plötzlich am Eichholz, zu Füßen des Michels.

Groß und dunkel ragte der mächtige Schatten des Turmes in den nachtschwarzen Himmel.

Kaum ein Laut.

Ich lehnte mich an eine Hauswand im Eichholz und sah schweigend hinauf zum Turm.

Ich weiß nicht mehr, wie lange ich dort stand und traurigen Gedanken nachhing, die Fenster der umliegenden Häuser waren inzwischen fast alle dunkel geworden.

Stille. –

Da aber plötzlich begann die Turmuhr des Michels zu schlagen! Zwölfmal!

Und dann geschah etwas Wunderbares! Hoch vom Turm

her erklang ein Trompetenchoral und jubilierte zärtlich durch die Stille der Heiligen Nacht.

Der Türmer von Sankt Michaelis. –

Noch lange nachdem der letzte Trompetenton verklungen war, lehnte ich stumm an meiner kalten Hauswand und sah hinauf zu dem nun wieder schweigenden Turm.

Und als ich endlich davonging, da war wieder Hoffnung in meinem so wehen Herzen.

Wilfried Schulz

Glück im Unglück

Die Erinnerung war schön.

Welche Freude zu Weihnachten, wenn Tante Else uns besuchte. Sie kam nicht oft, sie konnte ja auch nicht, schließlich wohnte sie in der DDR. Nur wegen einer schweren Verletzung aus dem Krieg durfte sie schon vor dem Rentenalter in den Westen reisen.

Tante Else war eine starke Frau, die trotz der vielen Einschränkungen, die sie drüben erdulden mußte, nie ihren Lebensmut verloren hatte. Ihre frohe, gemütliche Art war richtig ansteckend. So herrschte bei ihren Besuchen immer gute Laune.

Schade, seit ein paar Jahren nun, konnte Tante Else die beschwerliche Reise nicht mehr auf sich nehmen. Jetzt waren wir an der Reihe. Ich war mittlerweile verheiratet, und in diesem Jahr würden wir Tante Else zu Weihnachten besuchen.

Liebevoll wurde alles geplant und die Geschenke eingekauft. Wir wollten mit dem Auto fahren, die beste Möglichkeit, wie wir meinten.

Leider konnten wir erst am Heiligabend morgens losfahren. Aber wir hatten Glück, die Straßen waren noch frei, obwohl Schnee gemeldet war.

Bis zum Grenzübergang Lübeck verlief auch alles planmäßig. Nach unerwartet kurzer Kontrolle konnten wir weiterfahren, Richtung Rostock. Unsere gute Stimmung wurde erst getrübt, als es anfing zu schneien und der Wagen nicht mehr richtig durchzog.

Trotz der Widrigkeiten mit dem Wagen und des Schneetreibens kamen wir bis Rostock gut voran. Von da an ging es über die Dörfer. Die Landstraßen, die jetzt kamen, waren im Gegensatz zu den Transitstraßen kaum befahrbar.

Es kam, was kommen mußte, in einer winzig kleinen Ortschaft ging nichts mehr. Der Wagen lief nicht mehr, die Straßen dicht zugeschneit und zusätzlich hatten wir uns noch verfahren. Was tun, in dieser Situation, am Heiligabend.

Mittlerweile ziemlich genervt, gingen wir zum nächsten Haus.

Heiligabend, wir klingelten bei wildfremden Menschen und baten um Hilfe. Verständnisvoll hörte sich eine junge Frau, fast in unserem Alter, unsere Geschichte an.

Nachdem auch ihr Mann dazugekommen war, erklärte er uns, daß wir keine Hilfe erwarten konnten. Nicht daß er nicht wollte, er konnte nicht.

Im ganzen Ort gab es kein Telefon, keinen Mechaniker, keinen Abschleppwagen. Heute, Gott sei Dank kaum noch denkbar, dafür damals um so schlimmer.

Frühestens am ersten Weihnachtstag kam der nächste Linienbus durch, der zur Kreisstadt weiterfuhr.

Wie hoch muß man in der für uns so prekären Situation, die Einladung des Ehepaares einschätzen, den Heiligen Abend doch mit ihnen zu verbringen. Es sollte einer der schönsten Tage in unserem Leben werden.

Bei würzigem Rotweinpunsch, am Tannenbaum, wurde bis spät in die Nacht erzählt. Es wurde ein natürlich begründetes Vertrauensverhältnis geschaffen. Welch eine wundersame Fügung des Schicksals.

Nachdem am ersten Weihnachtstag unser Auto wieder flottgemacht worden war, sollte es nun mit Verspätung weiter zu Tante Else gehen, die ganz sicher schon besorgt wartete.

Trotz der nur kurzen Bekanntschaft verlief der Abschied so herzlich, als seien wir die ältesten Freunde. Ja, wir gingen als Freunde, und so ist es bis heute geblieben.

In diesem Jahr nun feiern wir Weihnachten erstmals bei uns, ganz ohne Grenzen und Kontrollen.

Wir freuen uns schon auf ein frohes, harmonisches Weihnachtsfest.

Lieselotte Billig

Der Traum vom purpurroten Weihnachtsmann

Damals, vor mehr als fünfzig Jahren als «ganz lütte Deern», da hatte ich noch meinen Traum, und der handelte von einem wunderschönen, glasklaren, purpurroten Weihnachtsmann, welcher mit vielen Brüdern in einem großen Glasgefäß beim Krämer an der Ecke stand. Immer wenn ich mal einen Pfennig geschenkt bekam, lief ich gleich zum Krämer an der Ecke. Mit klopfendem Herzen stand ich vor der großen Tonbank. Meine ganze Kinderseligkeit wäre es gewesen, einmal so einen prächtigen Weihnachtsmannlolli für mich ganz allein zu besitzen. In einer Hand hielt ich einen Pfennig, mit der anderen Hand zeigte ich auf das Glasgefäß, den wollte ich, nur den Einen!

Aber *nie* habe ich ihn bekommen, der eine Pfennig reichte nicht. Mein kleines Herz war darüber sehr traurig. Ich habe oft von diesem Weihnachtsmann geträumt.

In jener Zeit gab es in der Hamburger Straße die große

Brotfabrik Kloss. Du mußt wissen, damals gab es noch nicht über hundert Sorten Brot wie heute. Und es gab auch kein hartes Brot, es war nur hart, kein Brot zu haben.

Diese Brotfabrik lud Kinder Arbeitsloser zu einer Weihnachtsfeier ein. Da mein Vater arbeitslos und wir sehr arme Leute waren, machten sich meine Mutter und Schwester mit mir auf den weiten Weg zur Hamburger Straße, um mich an dieser Feier teilnehmen zu lassen. Damals fuhren auch noch keine Busse wie heute, und für die Straßenbahn hatten wir kein Geld über. Es schneite und schneite, wir stapften durch den dicken Schnee. Der Weg wollte kein Ende nehmen, und es war bitterkalt. Aber dann waren wir doch am Ziel, und meine Mutter stubste mich hinein.

Nein, so etwas hatte ich noch nie gesehen. Eine riesengroße Halle voller gedeckter Tische, alles mit weißen Tischdecken und überall Kerzenlichter. Dieser Glanz! Und was alles auf den Tischen stand! Kuchen und Klöben, Plätzchen und für jedes Kind ein großer Becher Kakao. In der Mitte des Saales stand ein großer Tannenbaum, und die vielen Kinder – du kannst dir nicht vorstellen, wie schön das war.

Meine Mutter hatte noch gesagt «iß dich ordentlich satt», aber vor lauter Aufregung ging nichts in meinen kleinen Magen hinein. Und dann glaubte ich meinen Augen nicht zu trauen – der Weihnachtsmann!

Jedes Kind bekam ein großes Paket. Und dann kam er direkt auf mich zu. Der war freundlich, also so was von freundlich, nicht so wie der Weihnachtsmann vom vergangenen Jahr bei meiner Oma. Der hat fürchterlich mit den Füßen aufgestampft und gefragt, wo denn die ungezogenen Schwestern sind. Damit hat er mich und meine Schwester gemeint.

Dieser Weihnachtsmann hat mir über den Kopf gestreichelt und mir mein Paket auf den Tisch gelegt. Für mich ganz allein hat er gesagt. Ich war platt vor Freude. Ein netter größerer Junge hat mir dann das Paket rausgetragen. Meine Mutter und Schwester standen schon die ganze Zeit draußen in der Kälte und haben auf mich gewartet. Sie haben mich gedrückt, als wenn ich von einer langen Reise zurückkäme. Es schneite immer noch. Aber wegen der bevorstehenden Freude auf das große Paket war der Weg zurück gar nicht mehr so lang.

Zu Hause war mein Vater, im großen Küchenherd prasselte ein Feuer, und es war so schön warm. Dann kam der große Moment, als meine Eltern das Paket aufmachten. Wir standen alle drum herum. Du kannst dir unsere Freude nicht vorstellen, was da alles zum Vorschein kam: ein großer Klöben, Kuchen, Plätzchen, ein Marzipanbrot, und dann wollte ich meinen Augen nicht trauen, ein großer Weihnachtsmann aus Schokolade in glänzendes buntes Papier eingepackt. Der war ja tausendmal schöner als mein purpurroter vom Krämer an der Ecke. Nun sollte er sich man seine Weihnachtsmänner an den Hut stecken, wir hatten einen viel schöneren!

Von dieser Freude mit meinen Eltern und meiner Schwester – alles in der Familie zu teilen – ist mir bis heute bewußt geblieben, wie schön es ist zu geben. Und heute weiß ich, es hatte alles seine Richtigkeit, daß man nicht alles besitzen kann. Denn hätte ich ihn damals bekommen, dann hätte ich ja nie meinen Kindertraum von dem wunderschönen, purpurroten, glasklaren Weihnachtsmann gehabt.

Annerose Haesler

Unser Weihnachtsgeschenk: Ohrenweide

Soweit ich mich an die Weihnachtsabende meiner Kindheit erinnern kann, liefen sie stets nach dem gleichen Ritual ab. Zuerst kam das Karpfenessen dran. Meine drei älteren Brüder und ich machten uns daraus nichts. Unsere Mutter, die von den Vorbereitungen erschöpft war, konnte es nicht leiden, wenn wir mäkelten. Bruder Alfred hatte es besonders schwer, er mochte keinen Fisch.

Nach dem Essen dauerte es eine Weile. Die Spannung stieg auf den Siedepunkt, als die Glocke aus dem Weihnachtszimmer ertönte. Wie die Wilden stürmten wir hinein, doch dann blieben wir andächtig vor dem lamettageschmückten Baum stehen, der sich mit seinen brennenden Kerzen langsam im Kreise bewegte. Um 1895 herum hatte unser Großvater den Christbaumständer aus dem Erzgebirge mitgebracht. Er existiert noch heute. Mittlerweile sind es die Ururenkel, die sich an den Klängen der Spieluhr erfreuen. Sie spielt acht verschiedene Weisen, schon etwas müde und zuweilen stotternd und ächzend. Musikalisch ging es nun weiter mit Klavier und Geige. Die bekannten Weihnachtslieder wurden gesungen. Für uns vier Geschwister war es Pflicht, ein Gedicht aufzusagen. Doch dann, dann endlich waren wir erlöst und konnten ungestört von unseren Gaben Besitz ergreifen.

Kein anderer Weihnachtsabend ist mir so gut in Erinnerung geblieben, wie der von 1926. Alles lief so ab, wie ich es zuvor beschrieben habe. Ich war noch mit meinen Geschenken beschäftigt, da hörte ich auf einmal Kirchenglocken und gleich danach Orgelmusik erklingen. Ich sah meine Mutter vor einem Schränkchen stehen, das mir bisher nicht aufgefallen war. Ohne Zweifel, es handelte sich um ein Grammophon. Nur ein Trichter fehlte. Mutter erklärte uns, der Trichter sei im Kasten eingebaut und öffnete zwei kleine Türen, aus denen der Schall herauskam. Im Nu waren die Geschenke vergessen. Alles drängte sich um das neue Grammophon. Wir rissen uns darum, wer die Kurbel aufdrehen durfte. Immer wieder wurden die vorhandenen Platten aufgelegt. Es war Musik dabei, nach der wir springen und tanzen konnten. Großartig fanden wir es, so mühelos Musik zu produzieren. Mutter genoß unseren Jubel und war über diese gelungene Überraschung sichtlich stolz und zufrieden.

Ob unser Vater von der Existenz des Grammophons schon länger etwas wußte oder erst am Weihnachtstag damit konfrontiert wurde, weiß ich nicht. Er war allem Neuen gegenüber sehr aufgeschlossen, besaß bereits seit 1924 ein Auto. Er konnte damit mühelos die zahlreichen Baustellen erreichen, die er als Architekt zu beaufsichtigen hatte. An jenem Abend fiel mir auf, daß er zuweilen verschmitzt lächelte.

Mittlerweile war es ruhiger geworden, und wir wandten uns wieder unseren Gaben zu. Mein Vater öffnete seinen Bücherschrank. Ungläubig starrten wir hinein. Wo waren all die Bücher? Auf drei Borden standen Geräte, die ich noch nie gesehen hatte. Es handelte sich um eine Radioanlage. Das modernste Gerät von Nordmende, erklärte uns Vater. In der obersten Etage stand der Lautsprecher. Unten befanden sich eine Art Akku und eine Batterie. Eine Anode spielte auch eine Rolle, glaube ich. An dem geheimnisvollen Kasten in der mittleren Etage befanden sich Spulen, Knöpfe, Schieber, Skalen und Stöpsel. Vater schaltete hier etwas ein, stöpselte dort und drehte an Zeigern. Es begann zu zischen, zu heulen, zu gurgeln und zu piepsen. Ich hätte mir am liebsten die Ohren zugehalten. Vergeblich versuchte Vater dem Gerät angenehmere Töne zu entlocken. Er wurde immer nervöser, je mehr Mißtöne entstanden. Wir Geschwister umlagerten den Schrank und drängelten uns gegenseitig fort, weil jeder was sehen wollte. Plötzlich hörten wir ganz leise eine Stimme. Krächzend verkündete die Stimme ein Musikprogramm der Norag. Trotz störender Nebengeräusche lauschten wir nun verzückt den Tönen, die von weit her aus dem Äther zu uns kamen, für mich, die Achtjährige, unbegreiflich.

Unsere Mutter war von der Wendung dieses Abends gar nicht erbaut. Wir Kinder, die wir so begeistert vom Grammophon gewesen waren, standen nun ganz im Banne des neuen Radios. War sie an jenem Weihnachtsabend auch von meinem Vater übertroffen worden, so spielte in den kommenden Jahren unser Grammophon die Hauptrolle. Wir kannten alle Schlager mit Texten, die Jazz-Musik hatte es uns ganz besonders angetan.

Letztendlich hatte unsere Mutter uns die nachhaltigere Freude an diesem verdrehten Weihnachtsabend bereitet.

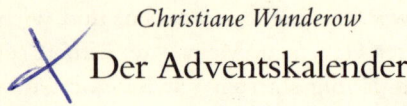

Christiane Wunderow

Der Adventskalender

Anfang November war ich eingezogen. Meine vier Wände für mich allein, elegante Möbel, eine Arbeit, die mich forderte, genug Geld – was wollte ich mehr? Meine Freunde jedenfalls hatten mich beneidet, als ich ihnen von meiner neuen Anstellung in der Großstadt erzählt hatte. «Endlich Stadtleben, das ist doch toll!» Ja, da hatte ich es nun, mein Großstadtleben: Eine anonyme Wohnung in einem Trabantenstadt-Block mit 50 Mietparteien und Kollegen, die für ein persönliches Gespräch viel zu hektisch waren. Wenn mich abends nicht einmal mehr das Fernsehprogramm ablenken konnte, griff ich zum Telefon und führte endlose Ferngespräche mit meinem Bruder, der mein altes Zuhause mit mir geteilt hatte. Als ich am 30. November ziemlich spät abends nach Hause kam, fand ich folglich in meinem Briefkasten eine Telefonrechnung in immenser Höhe. Ich warf sie auf den Schreibtisch und ließ mich in einen Sessel fallen. Als ich gerade nach der Zeitung greifen wollte, klingelte es an der Tür. Ich mißachtete Spion und Gegensprechanlage und öffnete. Vor mir stand eine kleine ältliche Frau mit einem Paket. Sie lächelte mich an, wobei in ihrem umfältelten Mund ganze fünf Zähne sichtbar wurden. «Guten Abend», sagte sie, «ich bin Fräulein Sikoreyt, ich wohne nebenan. Heute nachmittag ist bei mir dieses Päckchen für Sie abgegeben worden. Sie waren nicht zu Hause.» Mit diesen Worten übergab sie mir einen Gegenstand, der in braunes Packpapier eingeschlagen war. Ich bedankte mich kurz und schloß die Tür hinter ihr.

Vorsichtig zog ich aus der Verpackung einen Adventskalender hervor, der mit einigen Sternen verziert war. Ich konnte mir keinen Reim auf dieses Geschenk machen und betrachtete es mißtrauisch. Ob es Leute gab, die in Adventskalendern Bomben oder vergiftete Pralinen verschickten? So etwas wie Weihnachtspsychopaten vielleicht?

Trotzdem öffnete ich am Abend des ersten Dezember neugierig das erste von 24 kleinen Filzsäckchen. Es enthielt einen Zettel. In der Handschrift meines Bruders stand darauf geschrieben: «Denk mal drüber nach, wer Dir das hier schenkt und vor allem, wer es dir überbracht hat!» Mein Bruder mit seinen albernen Ideen! Tja, wer hatte mir den Kalender überbracht? Eine ziemlich schrullige Person, dieses ältliche Fräulein Sikoreyt.

Der Zettel des 2. Dezember forderte mich auf, meinen Wocheneinkauf beim Türken in der Parallelstraße statt beim Supermarkt an der Autobahn zu tätigen, und das Säckchen mit der Nummer drei enthielt eine liebevoll verpackte Praline und die Aufforderung, diese meiner Nachbarin als Dankeschön für die Paketannahme zu bringen. Langsam begann ich mich über die Scherze meines Bruders zu ärgern, der offensichtlich der Initiator dieses Adventsspielchens war. Seit wann war es der Zweck eines Adventskalenders, Aufträge zu erteilen? Trotzdem tat ich, wie mir geheißen.

Fräulein Sikoreyt war gerührt über die kleine Aufmerksamkeit und bestand darauf, mich in ihrer mit Möbeln und Erinnerungsstücken vollgestopften Wohnung mit Glühwein zu bewirten. Bereits nach dem dritten Glas hatten wir die schleppende Allerweltskonversation weit hinter uns gelassen und plauderten und kicherten bis spät in den frostigen Abend hinein.

Bis zum 30. November hatte ich dank des Kalenders bei Herrn Vollmer Zucker geborgt, auf den Hund des Hausmeisters und den Sohn der Familie Klein aufgepaßt. Ich hatte die gesamte Familie des türkischen Feinkosthändlers kennengelernt und war sogar der Aufforderung gefolgt, der Chefsekretärin zum Nikolaustag ein Geschenk zu machen.

Wenn die Abende lang wurden, gab es dann immer noch meine Freundin von nebenan mit ihrem Glühwein und ihren Keksen. Nach und nach wurden die Telefonate mit meinem Bruder kürzer und seltener. Die Arbeit erlaubte es mir nicht, Weihnachten zu meiner Familie zu fahren.

Am grau vernieselten 24. Dezember öffnete ich das letzte Adventssäckchen. Sogar zu Weihnachten enthielt es nichts als einen knappen Befehl: «Um Punkt 18 Uhr gehst Du zu Fräulein Sikoreyt. Keine Widerrede.»

Nun, wahrscheinlich hätte ich das ohnehin getan, ein kleines Geschenk hatte ich schon für sie besorgt. So klingelte ich um sechs Uhr bei meiner Nachbarin. Sie öffnete und zog mich herein. Hinter ihr im Zimmer stand ein riesiger erleuchteter Tannenbaum und daneben mein Bruder mit seiner Freundin. Beide strahlten wie die berühmten Honigkuchenpferdchen.

«Na, du Weihnachtsmann», neckte mich mein Bruder, «war gar nicht leicht, diese Advents-Hilfsaktion für dich auszutüfteln, aber dank der Hilfe deiner netten Nachbarin, scheint's ja gewirkt zu haben.»

Es hatte gewirkt. Ich war nicht mehr fremd und verloren in der Stadt, ich hatte ein Zuhause und Bekannte dort gefunden. Wir feierten alle vier – und das ist keine bloße Floskel – fröhliche Weihnachten.

Susanne Auffarth

Die Trompete

Als ich drei Jahre alt war, wünschte ich mir vom Christkind eine Trompete. Das war mein glühendster Wunsch, und da in diesen wunderbaren ersten Kinderjahren nichts unmöglich schien, glaubte ich auch fest an dessen Erfüllung.

Eine Trompete mußte es unbedingt sein! Eine mit goldenen Knöpfen, auf die man drücken mußte, damit die Lieder herauskamen, wenn man in die Trompete blies. So hatte ich es bei Dütschen Alfred gesehen, wenn er im Dorfkrug Musik machte, und so wollte ich es auch tun.

Meine Eltern waren leicht bestürzt über diesen «musikalischen» Wunsch, denn es war Inflation in Deutschland, aber ich wußte ja nicht, was das bedeutete. Wir schrieben das Jahr 1923.

Auf dem Gabentisch am Heiligen Abend lagen Plätzchen, selbstgestrickte Handschuhe und Strümpfe, ein neues Kleidchen für meine Puppe, ein Hexenhäuschen und ein Bilderbuch, das vorher meinem Bruder gehört hatte, aber – nein – keine Trompete, keine Trompete! Meine Mutter tröstete mich und meinte, das Christkind habe vielleicht gedacht, ich sei noch etwas klein und im nächsten Jahr würde es sicher eine goldene Trompete geben.

Ins Kinderbuch aber hatte meine Mutter geschrieben: «Ihre ganze Sehnsucht ist eine Trompete, womit sie immer auf das Christkind und das Weihnachtsfest vertröstet wird. Nach Erkundigung in Uelzen kostet aber jetzt ein einfaches Ding, das in drei Tagen kaputt ist, 40 Millionen. Und das will der Vater denn doch nicht dranwenden.»

Hamburger Klöben

Heute, Totensonntag, d. 25. November 1990, steht folgender Spruch von Kant auf meinem Kalender:

> Wer im Gedächtnis seiner Lieben lebt,
> der ist nicht tot, der ist nur fern,
> tot ist nur, wer vergessen wird.

Recht hat der Mann, und da ich mir für heute vorgenommen hatte, Hamburger Klöben «à la Opa P.» zu backen, will ich dabei meine Erinnerungen aufzeichnen.

Zunächst, Opa P. war der Großvater unserer Nachbarn, die auf der gleichen dritten Etage unserer großen Altbauwohnung in Hoheluft wohnten. Seine Tochter, die wir Kinder «Tante» nannten, und unsere Mutter hielten im Krieg, während die Männer an der Front waren, unbeschreiblich fest zusammen. Und wenn die Frauen einmal gar nicht mehr weiter konnten, war da Opa P. als väterlicher Beschützer, der dann immer mit seiner tiefen, gütigen Stimme tröstend gesagt haben soll: «Die Lage ist ernst, aber nicht hoffnungslos.»

Dieser alte Herr war nicht groß, korpulent, hatte eine Gehbehinderung, er war wohl im Ersten Weltkrieg verletzt worden, einige versehrte Finger, hatte einen kurzen Bürstenschnitt der grauen Haare und blaue Augen, die mich noch heute anfunkeln. Kurzum, dieser Opa war der ruhende Pol in beiden Familien. Von Beruf Koch, verstand er sich auch aufs Backen, und so komme ich endlich zum Hamburger Klöben.

Dieses edle Rosinenbrot backte er nämlich nach dem Kriege auch für uns in der frühen Adventszeit für Weihnachten. Das war stets unheimlich aufregend und begann damit, daß die Hausfrauen zusehen mußten, die Zutaten zu besorgen. Was nicht ganz einfach war, da Rosinen, Korinthen, «gute Butter», Sukkade etc. hineingehörten. Auch Rum, aber den – oder etwas Ähnliches – hatte der Opa immer. Woher sonst hätte er wohl seinen ständigen Optimismus genommen in der schweren Zeit? Denn schließlich war auch er nur ein Mensch!

Ich muß kurz unterbrechen, da mein Vorteig fertig ist. – Drei Pfund Mehl habe ich gerade verarbeitet – ganz schön heiß gelaufen ist mein elektrischer Handrührer. Dabei geht mir auf, daß es die Annehmlichkeit natürlich früher noch gar nicht gab. Alles knetete der Opa mit seinen verkrüppelten Händen.

Am Abend vor dem Backen brachte meine Mutter also die Zutaten hinüber zum Nachbarn, der morgens in aller Frühe mit der Arbeit beginnen wollte. Ich glaube, es muß 5–6 Uhr gewesen sein. Erstens wahrscheinlich so früh, weil dann noch Ruhe im Hause herrschte, die man für diese Köstlichkeit braucht, aber auch – und das war viel wichtiger, weil der Teig rechtzeitig zum Bäcker von Holdt, auch als Bleichenbäckerei bekannt, zum Abbacken gebracht werden mußte. Das tat meine Mutter. Ich meine, daß bis 8 Uhr auf Voranmeldung anzuliefern war.

Der Opa wird morgens als erstes den großen schwarzen Kohleherd angezündet und sich bei dem vielen Kneten auch gelegentlich in seinem Korbsessel ausgeruht haben, der neben dem Herd stand. Unter dem Kissen dieses Stuhles lag sorgfältig zusammengelegte Bettwäsche, die stets auf diese Weise für die große Familie gebügelt wurde.

Am Nachmittag – endlich war es 16 Uhr – durfte der Klöben wieder abgeholt werden. Mit der Papier- oder Metallnummer in der Hand stellte man sich in die Schlange der Wartenden. Je näher man den Regalen im Bäckerladen rückte, desto größer wurde die Spannung. Welches mag unser Backgut sein? Stolz konnte man es nach Hause tragen. Für mich auch immer ein kleiner Schaulauf. Viele Leute sollten sehen, daß wir wieder einen Klöben von Opa P. haben durften.

Im Treppenhaus versuchte ich nun, überstehende Rosinen und Sukkade herauszubröckeln, vorsichtig, es sollte natürlich nicht auffallen, aber die aufgeblähten, verkohlten wollte ich auch nicht!

Glücklich wurde das Produkt begutachtet, bis es dann... bis Weihnachten wieder verschwand! Das war schmerzlich!

Unter einem Geschirrtuch versteckt, wurde der Klöben stets hoch oben auf dem Kleiderschrank des kühlen Elternschlafzimmers gelagert. Wie oft stand ich vor diesem Koloß von Eichenschrank und starrte hinauf auf dieses Geschirrtuch, das dann endlich am 24. Dezember zum Kaffee gelüftet wurde, nachdem Mutter mit allen Vorbereitungen fertig war, sich die Hände mit Mousoncreme eingerieben hatte und zum großen Messer griff... dann war Heiligabend, dann wurde es Weihnachten!

Jetzt ist mein nächster Arbeitsgang dran, gut gegangen ist der Teig! Nochmals durchkneten und die typische Klöbenform herausarbeiten. Sie erinnert mich an die Haartolle jener Jahre.

Wetten, daß meine Familie heute nachmittag, wenn der Klöben nach einer guten Stunde Backzeit im Umluftherd fertig sein wird, mit dem «Rausbröckeln» der Rosinen beginnt?

Aber das Geschirrtuch? Nein, ich glaube, ich bin zu schwach! Und überhaupt hätten wir gar nicht einen so kühlen Raum – oder?

Ingrid Hüffel

Das hölzerne Podest

Nachkriegszeit in Deutschland. Wenige Tage vor Weihnachten des Jahres 1947. Mit neun Jahren war ich mit Mutti aus Königsberg nach Döbeln in Sachsen geflüchtet.

Hier lebten wir in der Stadtmitte an einer Hauptgeschäftsstraße unter dem hohen Dach eines roten altertümlichen Hauses, an dessen innerer Giebelseite Eiszapfen glitzerten. Wir hatten wenig zu essen und kaum Heizmaterial. Aber wir hatten ein hölzernes Podest in unserem eiskalten Zimmer unter den hohen Fenstern.

Nach dem Frühstück hockte ich in meinem abgewetzten, zu kurzen, dunkelbraunen Plüschmantel auf dem Schemel in der Ecke am Kachelofen und spielte mit meiner Puppe Elvira Friseur. Diese Puppe hatte Mutti aus Blumendraht und Damenstrümpfen gebastelt, mit gelben Wollhaaren, hellblauen gestickten Seidenaugen und einem tomatenroten Lippenstiftmund, dünn wie ein Strich. Elvira war mein Lieblingsmodell. Aus meinem Tuschkasten bekam sie ihre wechselnden Haarfarben. Mit einer stumpfen Nagelschere drehte ich ihr Korkenzieherlöckchen. Puppenkleider «nähte» ich selbst. Ich schnitt einfach Löcher in bunte Stoffreste für Kopf und Arme. Stricken dagegen hatte ich schon von meiner Oma gelernt, noch bevor ich in die Schule gekommen war. So strickte ich mit wildem Eifer aus Woll- und Garnresten die gesamte Garderobe für Elvira: Pullover, Jacken, Kleider, Hosen, Mäntel, Schals. Alles nach meinem Einheitsschnitt.

Da krachte es. Unsicher hob Mutti das Beil und ließ es immer wieder in das Podest sausen. Stück für Stück splitterte davon ab, bis es kein Podest mehr gab. Dann endlich legte sie das Beil unter das Regal in die Abstellkammer und heizte unseren Kachelofen. Bis in die Fußspitzen spürte ich die kommende Wärme. Ich zitterte auch gar nicht mehr. Das bißchen

Rauch ging zum Fenster hinaus. Doch während ich die Wärme in mich aufsaugte, begriff ich mit einemmal: es gibt kein Podest mehr!

Im letzten Sommer hatten meine neue Freundin Gitta hier aus Döbeln und ich auf dem Podest Zwei-Personenstücke ausgedacht und aufgeführt. Ihr gehörte der «Spittelkarton», vollgefüllt mit Theaterkostümen ihrer Mutter, einer Schauspielerin. Diesen Karton hatten wir von ihrem Keller zu mir unters Dach getragen, viele Straßen weit. Es war abenteuerlich, in diesen Kostbarkeiten herumzuwühlen. Brokat, Damast, Samt und Seide, altmodische Klöppelspitzen, endlose weiße Tüllgardinen, farbige Chiffontücher. Stoffe raschelten, waren angenehm zu fühlen. Eine Märchenwelt! Ich war nicht mehr Flüchtling, ich war eine entführte Zigeunerin, Prinzessin, sogar Königin aus Tausendundeiner Nacht. Natürlich stritten wir immer um die Kostüme und die Rollen. Einmal hatten wir ein Stück aufgeführt. Sie war die Königin und ich der König. Meinen Thron hatte ich zu nahe an den Abgrund gestellt, und mitten in der Rede an mein Volk stürzte ich. Ich fand mich zusammengekrümmt am Boden liegen und meinen Bauch halten, der auf- und niederhüpfte. Passiert war mir nichts. Nur konnten wir nicht aufhören zu lachen. Dabei wäre auch sie noch fast vom Stuhl gekippt. Beim Spielen vergaßen wir unseren Hunger.

Im Kachelofen bollert das Podest, in meinem Kopf die Erinnerungen, die weiter und weiter zurückgehen... Königsberg. Auf dem «Nassen Garten». Unsere wilden Spiele mit den Freunden aus unserer Straße. Nichts werde ich vergessen, alles weiß ich noch ganz genau. Meine beste Schulfreundin Rosemarie mit den dicken schwarzen Zöpfen. Sie ließ mich, sooft ich wollte, auf ihrem Fahrrad fahren. Einmal lief ich hier in Döbeln hinter einem Mädchen her, weil ich glaubte, es wäre Rosemarie. Im dichten Menschengewühl hatten wir im Hafen von Stolpmünde in Pommern im Eiswinter 1945 auf unserer Flucht unsere Nachbarn verloren, die wir Jahre später in Westdeutschland wiederfanden. Unser Zug, vollständig überfüllt, hatte von Stolpmünde abfahren sollen, und Mutti war noch nicht zurückgekommen. Sie hatte unsere Federbetten aus dem anderen Zug holen wollen, der nicht weiterfuhr. Ganz hinten kam sie angerannt, gerade als unser Zug anruckte. Da schrie ich, wie ich noch nie geschrien hatte.

Als wolle er auseinanderfliegen, so knallt das Podest im Kachelofen. Wie Schüsse. Krieg. Vor zwei Jahren im Frühling fuhren die Russen mit Panzern nach Döbeln hinein. Der Bürgermeister hatte aus dem Rathausfenster die weiße Fahne hinausgehängt, um sich zu ergeben. Deshalb brauchten die Russen nicht zu schießen. Die Bewohner unseres Hauses sollten sich im Gemeinschaftskeller versammeln. Panikartig stopfte ich alle meine Glasperlenketten in unsere weiße Keramikvase mit den aufgemalten Frühlingsblumen, meine Puppen tief ins Bett, und Mutti und ich gingen nach unten. Die Frauen erzählten sich Schreckliches, was die russischen Soldaten mit den Frauen und Mädchen machten. Ich saß zusammengekauert auf einem Stuhl und zitterte, mein Bauch krampfte sich zusammen. Unser Hauswirt war hereingekommen. «Die russischen Panzer rollen über unsere Straßen in Richtung Rathaus», sagte er ernst. Ich stellte mir vor, wie es wäre, wenn die Soldaten Bonbons, Schokolade und Luftballons für uns Kinder aus ihren Panzern rauswerfen würden. Dann hörte ich einen Wortschwall fremder Laute und sah einen riesengroßen Mann, etwas gebückt, in einer gelblichbraunen Uniform mit vielen bunten Orden darauf neben unserem Hauswirt in der Tür stehen. Ein Russe! Angst und Schrecken lähmten mich, machten mich starr. Nach einer langen Zeit wagte ich doch noch einen Blick und sah in ein freundliches Gesicht. Der Russe erinnerte mich an meinen Vater, er war auch so groß. Er kam auf mich zu, lächelte. Eine warme Hand fuhr über mein Haar. Unser Hauswirt stellte ihm einen Stuhl hin. Er setzte sich, nahm mich auf seinen Schoß und streichelte mein Gesicht. Plötzlich ließ er mich herunter, kramte in den Innentaschen seiner Uniform, holte ein Kettchen mit einem kleinen Kreuz daraus hervor und gab es mir. Er sprach unverständliche Worte, die ich irgendwie verstand. Es war sein Talisman, den ihm seine Frau zum Schutz geschenkt hatte. Nun brauchte er ihn nicht mehr, aber ich würde ihn noch brauchen. Das hat mir unser Hauswirt später auch so übersetzt.

Der Kachelofen hat das Podest aufgefressen. In unserem Zimmer ist warme Gemütlichkeit.

Mutti stürzt herein und erzählt aufgeregt, Frau Thiel, unsere Hauswirtin, wolle uns besuchen. Sie rennt hin und her, sie weiß nicht, was sie machen soll. Auch ich denke, daß es Frau Thiel auffallen wird, daß das Podest fehlt. Mutti überlegt kurz und baut dort, wo das Podest seinen Platz hatte, eine Couch mit unseren eingerollten Federbetten als Rückenlehne. Darüber breitet sie unsere schönste rotkarierte Wolldecke.

Als Frau Thiel dann am frühen Nachmittag kam, setzte sie sich auf den Stuhl, auf den Mutti energisch zeigte. Frau Thiel mußte auf unseren Kleiderschrank blicken, das fehlende Podest im Rücken. «Lieber Gott», betete ich, «laß sie sich nicht umdrehen.» Sie interessierte sich sehr für uns, fragte Mutti nach unserer alten Heimat. Mutti wurde fröhlicher, manchmal lachte sie sogar. Ich ging zum Rodeln und vergaß die Sache.

Am späten Nachmittag, drei Tage, nachdem das Podest verbrannt war, polterte etwas durchs Haus. «Das ist der Weihnachtsmann», schrie ich. Der Lärm stieg höher. Ich fühlte, wie meine Augen vor Entsetzen in mir wuchsen. Das Podest kam zurück! Auf vier Beinen! Das konnte nur ein Spuk sein. Mein erster Gedanke war: weglaufen! Aber das Podest versperrte mir den Weg. Und mit einem Ruck blieb es auf dem obersten Treppenabsatz stehen. Daraus hervor krochen unsere Wirtsleute. «Mein Mann ist ja Tischler», japste

Frau Thiel völlig außer Atem, «der zimmert so was schnell zusammen.» Herr Thiel nickte und stellte eine «Bunte Tüte» auf den Tisch und für Mutti zwei Eimer Briketts neben den Herd. Unsere Wirtsleute hatten zweimal gehen müssen, um uns alle Geschenke geben zu können. «Ich habe mich schon gefragt, wie Sie das alles allein mit dem Kind schaffen. Also, dann frohe Weihnachten!» Mutti lachte und gleichzeitig liefen ihr Tränen über das Gesicht.

An diesem Heiligabend saßen Mutti und ich in unserer Küche, vor uns ein Bäumchen, dessen einziger Schmuck Watteflöckchen waren. Einige wenige Kerzen brannten. Im Herd glühten die Briketts. Wir redeten von meinem Vater, der in Rußland gefallen ist. «Er hat auch so gern gelesen, geschrieben und Theater gespielt. Du bist ihm sehr ähnlich. Wie stolz wäre er, wenn er dich jetzt sehen könnte!» Und nach einer langen Pause sagte Mutti leise: «Nun habe ich nur noch dich.» Sie lächelte und wischte sich über die Augen. Plötzlich fühlte ich mich so leicht. Im nächsten Sommer würden Gitta und ich auf unserem Podest wieder Theater spielen.

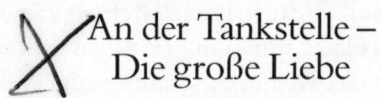

Christiane Wunderow

An der Tankstelle – Die große Liebe

Es wird Anfang oder Mitte Dezember gewesen sein, als ich ihn zum erstenmal sah. Ich erinnere mich, daß schon viele Läden weihnachtlich dekoriert waren, und ich erinnere mich auch daran, daß mir der Schneematsch in die Schuhe drang. Da sah ich ihn. Es war an der Tankstelle in meiner Straße. Er saß direkt neben der Kasse auf einem Stuhl und war ganz einfach faszinierend: kräftig gebaut und groß – größer als ich – mit einem ganz gewissen Funkeln in den Augen. Ich war so beeindruckt, daß ich es nicht wagte, mich ihm zu nähern oder ihn gar anzusprechen.

Von nun an sah ich ihn öfter, und immer saß er dort an der Tankstelle neben der Kasse. Er schien keine große Hilfe für den Inhaber zu sein. Vielleicht sollte er nur auf Ladendiebe achtgeben, ich wußte es nicht. Und warum saß er immer und stand nie auf? War er vielleicht krank?

Ich nutzte nun jeden Vorwand und jede Gelegenheit, um zur Tankstelle zu gehen. All der Geschenketrubel, die Schaufensterdekorationen und Tannenbäume interessierten mich in diesem Jahr nicht, ich hatte nur noch ihn im Kopf. Ja, heute kann ich es zugeben, ich war bis über beide Ohren verliebt.

Weihnachten näherte sich, und nichts geschah. Ich sah ihn, himmelte ihn an, kam ihm aber nicht näher. Und ich begann immer trauriger zu werden. Sicher würden wir nie zusammenkommen, nie würde ich ihn in meinen Armen halten, meinen Kopf an seine Schulter lehnen dürfen. Die elektrischen Lichter am Tannenbaum vor der Tankstelle fielen auf sein dichtes dunkles Haar und gaben ihm einen sanften Schimmer, aber er schien mich nicht wahrzunehmen. So rollten die Autos durch den Matsch, und die Zeit verging schleichend, während ich so manches Mal durch die Glastür zu ihm hinüberspähte.

Heiligabend kam. Es durftete nach Keksen, Gewürzen und Tannennadeln im Haus. Wie es die Tradition in meiner Familie wollte, wurde das Weihnachtszimmer zugesperrt, und in jeder Ecke knisterte Geschenkpapier, wisperten Geheimnisse. Ich aber blieb melancholisch und interessierte mich wenig für all die Vorbereitungen. Am Abend dann wurde die Tür zum Weihnachtszimmer geöffnet. Alles machte «Oh!» und «Ah!», als die Kerzen uns entgegenstrahlten. Und da sah ich ihn! Er war da, in unserer Weihnachtsstube, saß direkt neben der großen roten Kugel, die von einem der unteren Tannenzweige herabhing! Ich stürzte ins Zimmer und fiel ihm um den Hals. Die Proteste von Eltern und Großeltern

«Aber wir wollen doch erst ein schönes Weihnachtslied singen!» hörte ich schon fast nicht mehr. Glücklich verbarg ich mein Gesicht an seiner Brust, und wir plumpsten beide nach hinten um. Ich merkte es kaum, ich wußte nur, er gehörte mir – der riesengroße Teddybär von der Tankstelle, den ich so ersehnt hatte! Ich war erst vier Jahre alt, und doch feierte ich an diesem Heiligabend das allerromantischste Weihnachten mit meiner ganz großen Liebe.

Ingeborg Noldin-Wilhelm

Der Weihnachtsvogel trägt ein silbernes Krönchen

Unsere Kinder wollten Heiligabend im Garten feiern und hatten das als ersten Punkt auf ihrem Wunschzettel vermerkt. Bereits ab 1. Advent erklärte unser achtjähriger Sohn Rüdiger seiner kleinen Schwester fast täglich, daß der Weihnachtsmann den Weg in den Garten bestimmt finden würde. Hatten uns die Kinder mit ihrem Wunsch angesteckt, oder war es der Gedanke, gerade zu Weihnachten der Natur wieder einmal ganz nah zu sein? Insgeheim stimmten wir der Idee zu. Selbst der Himmel schien damit einverstanden zu sein, denn er schüttelte immer wieder neuen Schnee auf die Erde.

Am Nachmittag vor dem Heiligen Abend belud mein Mann – unbemerkt von den Kindern – den Schlitten mit einer Kiste voller Äpfel, Nüsse, Weihnachtsgebäck, Schokoladenkringel, Glaskugeln, Lametta, Engelshaar und elektrischen Kerzen. Er wollte unseren Freund, den jungen Tannenbaum, den wir vor einigen Jahren angepflanzt hatten, so schön putzen und mit Kerzen bestecken, daß der ganze Garten sein Weihnachtsfest haben sollte. Sehr spät, erst lange nach Einbruch der Dunkelheit, kehrte er wieder zurück. Hatte er doch bei dieser Gelegenheit den Hausnachbar Heinrich gebeten, Heiligabend bei uns als Weihnachtsmann zu fungieren. Keine Zeit im Jahr steckt so voller Geheimnisse und Erwartungen der Kinder, wie diese wunderbare Zeit der Weihnacht, und so war auch flugs der erwartete Nachmittag herbeigekommen. Da es schneite und ein kalter Nordwind die Flocken durcheinanderwirbelte, redeten wir den Kindern noch eine Rodelpartie vor der Bescherung ein. Wir mummelten sie in Wolldecken, stülpten ihnen Pelzmützen über und packten sie auf den Schlitten. Dann spannten wir uns davor, und los ging's. Auf dem Weg zum Garten lag der Schnee weich und hoch, und die Bäume und Sträucher glitzerten in herrlicher, weißer Pracht. Eine Anhöhe war zu ersteigen, die ein Wäldchen begrenzte. Von hier führte ein schmaler Pfad zu unserem Garten hinab.

Plötzlich war es, als ob sich ein Wunder begab. Aus dem Grund des Gartens leuchtete ein Kerzenbaum so strahlend hell wie eine kleine Sonne, und der Schnee rundum schimmerte ganz golden und silbern. Die Kinder jubelten hell auf, waren im Nu aus ihren Decken, sprangen vom Schlitten und stapften zum Garten. Nie hatten sie im Freien so einen schönen Christbaum gesehen. Uns deuchte, daß die schlanke Blautanne noch ein Stück gewachsen war, da sie sich so hochreckte und alle Wipfel der Obstbäume mit ihrem Glanz überstrahlte. Auf der Tannenspitze blitzte ein goldener Stern, und zwischen den Ästen hingen Glaskugeln, Äpfel, Nüsse und vielerlei Weihnachtssüßigkeiten. An den Endspitzen der großen und kleinen Zweige aber schaukelten sich die elektrischen Kerzen, die mein Mann an die Lichtleitung des Gartenhauses angeschlossen hatte. Über die Tanne hatte er noch Lametta und Engelshaar verteilt, so daß sich der Lichterglanz in den Metallfäden und dem Glashaar tausendfach widerspiegelte. Der Christbaum sah so märchenhaft aus, daß die Kinder still davorstanden und ihr ersehntes Weihnachtsglück nicht fassen konnten. Von fern hörten wir die Kirchenglokken klingen, so hell und klar, daß uns recht feierlich zumute wurde. Unvermittelt brach ein Heidenlärm aus; es klapperte, tutete und pfiff. Der Weihnachtsmann kam auf Skiern und stand am Gartenzaun. Lustig sah er aus. Ganz in Schafspelz gehüllt, mit einem gewaltigen Rucksack, unter der Kapuze ein frostgerötetes Gesicht mit freundlichen Augen und weißem Bart. Im obersten Knopfloch baumelte eine Trillerpfeife und im zweiten eine Trompete. Mit der rechten Hand schwenkte er ab und zu eine uralte Kinderklapper, mit der linken stützte er sich auf einen Stock. Die Kinder hatten keine Angst vor dem lauten Weihnachtsmann. Unter dem Christbaum verteilte er die Geschenke und sang mit uns ein schönes Weihnachtslied. Dann schnallte er seine Skier an und glitt wieder klappernd, tutend und pfeifend davon.

In dem kleinen Gartenhaus, das sich tief in den Schnee duckte, wo jedoch ein Kachelofen behagliche Wärme spendete, feierten wir dann weiter, bis den jauchzenden Kindern die Augen zufielen und sie in ihren Betten einschliefen. Draußen schwieg der Wind, es hatte aufgehört zu schneien. Noch zögerte die Nacht, ehe sie sich mit einem funkelnden Sternenhimmel ausbreitete.

Die Sonne hatte sich bereits über den Wald geschwungen, als unsere Jüngste uns voller Aufregung weckte. «Auf dem Christbaum sitzt ein Weihnachtsvogel», flüsterte sie, «er trägt ein silbernes Krönchen. Vielleicht ist es ein verzauberter Prinz.» Wir rannten zum Fenster. Wahrhaftig, auf der Tannenspitze saß aufgeplustert neben dem Goldstern ein metallisch glänzender großer Vogel. In der Morgensonne blitzte sein Federkleid schwarz-weiß, blau-grün, zuweilen auch kupfrig schillernd. Rüdiger wollte sich totlachen. «Ein verzauberter Prinz», prustete er lauthals, «das ist...» Mein Mann legte die Hand auf seinen Mund. «Heute ist Weihnachten», zwinkerte er ihm zu, «und da gibt es einen Weihnachtsvogel, der ein silbernes Krönchen trägt.» Er nahm ihn an die Hand und ging mit ihm aus dem Haus, um die diebische Elster aus der Nähe zu beobachten. Sie hatte in ihrer Sucht, glänzende Dinge zu stibitzen, es neben dem silbernen Lamettafaden, der ihr wie ein Krönchen über dem Kopf hing, auch auf den Goldstern abgesehen. Das allerdings sollte unsere kleine Heidegard jetzt noch nicht erfahren.

Alice Ohrenschall

Als das Christkind lebendig war

Eine weihnachtliche Erinnerung

Weihnachten 1948. Die Deutsche Mark war ein halbes Jahr alt und hatte bewirkt, daß es sehr vieles, wenn auch nicht alles, gab. Vom Überfluß konnte noch keine Rede sein. Das, was später Bundesrepublik Deutschland wurde, war – so nannte es damals ein Schlager – Trizonesien.

Kurz vor Weihnachten fragte G. – wir kannten uns, weil wir gelegentlich im gleichen Restaurant zu Mittag aßen und beide «Exportberliner» waren –, ob ich am Heiligen Abend mit nach Sylt kommen wolle.

«Ich muß für den Ministerpräsidenten Weihnachtsmann spielen und einen Sack Äpfel und einen Sack Pfefferkuchen ins Kinderheim Klappholttal bringen», erläuterte G. seine Frage. «Und wie kommen wir da hin?» fragte ich zurück. «Mit einem Wagen der Landesregierung bis Niebüll und von dort mit dem Zug über den Hindenburgdamm», antwortete G. Sylt? Hindenburgdamm? Ich mußte geschlafen oder gefehlt haben, als das in der Schule dran war. Aber ich fuhr mit. Es hatte Frost gegeben. Rauhreif funkelte auf Gräsern und Bäumen, wenn die Sonne durch den Nebel kam. Am Straßenrand schlitterten Kinder auf gefrorenen Pfützen. Der Fahrer saß hinter dem Lenkrad des alles andere als neuen Autos wie ein Jockey, so nämlich, als wolle er jeden Moment zur Peitsche greifen. Das Auto tat, was es konnte, aber wir erreichten Niebüll erst im wirklich allerletzten Augenblick. Ein freundlicher Bahnbeamter schob uns «unabgefertigt», wie er es nannte, ins nächste Abteil. Der Zug setzte sich in Bewegung. «Rufen sie den Bürgermeister von Westerland an, er soll einen Wagen zum Bahnhof schicken», rief G. dem Fahrer noch zu.

Der Wagen war am Bahnhof und brachte uns und unsere zwei prall gefüllten Säcke nach Klappholttal.

Es sah (und sieht noch heute) aus wie eine Goldgräberstadt: Viele kleine Häuschen, die sich in den Dünen ducken, ein oder zwei größere Gebäude. «Kinderheim Klappholttal» stand am Eingang. Hier lebten Flüchtlingskinder, Kinder, die durch Krieg und Flucht zu Waisen geworden waren, Kinder, die von ihren Eltern getrennt worden waren und auf ein Wiederfinden hofften, Kinder, deren Eltern verschollen waren. Es waren viele Kinder aller Altersstufen, und alle freuten sich nach Kinderart auf den Weihnachtsabend.

Das Heimleiterehepaar wies G. und mir ein Quartier an, dann gab es Nachmittagskaffee.

Es dunkelte schon, Sterne glommen auf, als wir zur Weihnachtsfeier gingen. Kerzen brannten, die Kinder sangen und spielten dann ein Spiel um das uralte Geschehen von Christi Geburt. Das Spiel endete mit einem Lied, bei dem alle Mitspieler um die Krippe gingen. Sie sangen leise ein Wiegenlied und gingen auf Zehenspitzen, als läge wirklich ein Kind in der Krippe.

«Es ist ein Kind in der Krippe», sagte der Heimleiter. Auch er flüsterte, als könne er das Christkind stören. «Wir haben vor drei Wochen unser erstes Kind bekommen», sagte er dann. Seine Frau stand auf und holte das «Christkind» aus der Krippe. Sie lächelte, und auch das kleine Menschlein auf dem Arm der Mutter schien zu lächeln. Es war spät, als G. und ich in unsere Zimmer gingen. Eine Weile standen wir noch vor der Tür, sahen zum klaren Himmel hinauf und meinten, Weihnachten mit einem lebendigen Christkind hätten wir noch nie erlebt und würden wir wohl auch nicht wieder erleben.

Heute ist Klappholttal, in den ersten Jahrzehnten unseres Jahrhunderts gegründet, wieder das, was es ursprünglich war: Eine Stätte, an der Menschen zusammenkommen, um für Geist und Körper gleichermaßen Entspannung und Anregung zu finden. Denn heute heißt Klappholttal «Volkshochschule Akademie am Meer» und ist alljährlich begehrter Ort für Seminare aller Art. Und das Kinderheim ist heute ein Kindererholungsheim.

Juliette Rosenhain

Der angebrannte Weihnachtsbraten

Es war Weihnachten vor einem Jahr. Wie aufgeregt war ich in den Tagen vor dem Heiligen Abend. Sollte sich doch zu diesem Fest, wenn sich der Weihnachtsmann an den Wunschzettel hält, endlich mein größter Wunsch erfüllen.

Und tatsächlich, unter dem strahlenden Weihnachtsbaum stand er, der Käfig mit meinem Peter. Von der ersten Sekunde an hatte ich den kleinen blauen Wellensittich in mein Herz geschlossen. Vorsichtig beäugten wir uns, aber schon nach kurzer Zeit kam der Vogel auf meinen Finger. War der süß und zutraulich, mein Peter. Vor Freude und Aufregung konnte ich in der Nacht erst spät einschlafen. Natürlich war ich gleich am ersten Feiertag früh wieder bei ihm. Die Zeit verging wie im Fluge. Kurz vor Mittag mußten wir uns aber trennen, denn ich wollte Mutti bei der Vorbereitung des Festtagsbratens helfen. Natürlich durfte Peter in der Zeit aus dem Käfig. Als ich das Zimmer verließ, hatte er auf seinem

Lieblingsplatz, der Querstange meiner Lampe, Position bezogen.

Bei meiner Rückkehr ins Zimmer war die Lampe leer. Ich suchte und rief Peter, doch er war einfach nicht zu entdecken. Erschrocken ging mein Blick zum Fenster. Nein, es war geschlossen. In meiner Aufregung rief ich nach meinen Eltern. Doch auch sie entdeckten keine Spur von meinem Peter.

Plötzlich hörten wir ein leises Piepen aus Richtung Schrankwand, doch zu sehen war Peter nicht. Ganz ängstlich klangen seine Laute. Erst als Vati seine Taschenlampe holte und hinter die Schrankwand leuchtete, entdeckten wir meinen kleinen Liebling. Er war eingeklemmt in einen fünf Zentimeter breiten Spalt zwischen Wand und Schrank. Ohne unsere Hilfe konnte er sich da nie befreien.

In aller Eile begannen wir zu dritt alle Schränke auszuräumen und die Schrankwand abzubauen. Anders war kein Rankommen möglich. Oh, hatte ich Angst um meinen kleinen Liebling. Mein Herz schlug heftig, und über meine Wangen kullerten die ersten Tränen.

Endlich, nach langen zwanzig Minuten, hatten wir ihn frei und ich konnte ihn in seinen Käfig setzen. Mir fiel ein Stein vom Herzen. Plötzlich schrie Mutti auf: «Unsere Gans!» und stürzte in die Küche. Zu spät! Unser Festtagsbraten glich von der Farbe her mehr einem Raben als einer Gans.

Mir jedoch machte das nichts aus. Nur Vati tat mir etwas leid, hatte er sich doch so auf seine Weihnachtsgans gefreut.

Jetzt habe ich meinen Peter nun schon ein Jahr. Er ist der Liebling der ganzen Familie geworden. Er spricht nicht nur seinen Namen, sondern ganze Sätze. Unsere Wohnung hat er schon an allen Ecken erkundet. Nur auf meine Schrankwand ist er nie mehr geflogen. Deshalb auch ist Vati sicher, daß er zu diesem Fest seinen heißgeliebten Gänsebraten auch bekommt.

Daß auf meinem Wunschzettel in diesem Jahr ein Meerschweinchen steht, hat ihm bisher noch keiner gesagt.

Manfred Sähn

O Saunabaum

«Dieses Jahr, Kinder», eröffnete Vater uns – d. h. meinem Bruder, meinen beiden Schwestern und mir – «werden wir ein ganz besonderes Weihnachtsfest feiern.» Erstaunt schauten wir ihn an. «Ja, Mutter und ich haben uns überlegt, Weihnachten auf einer kleinen Nordseeinsel mit euch zu feiern. Ich habe noch einige Tage Resturlaub, ihr dürft etwas früher in die Ferien, und der Hausarzt wird wegen Mutters Bronchitis auch zufrieden sein.» – «Was sollen wir denn auf einer Insel?» fragten wir wenig begeistert. «Warum fahren wir denn nicht in die Berge, wo Schnee liegt?» – «Weil alle Leute in die Berge fahren, wir fahren an die See, ihr werdet sehen, wie gut es euch dort gefallen wird», antwortete Vater sehr bestimmt. Für einen Moment waren wir doch sehr betreten und sprachlos. Dann spielte meine kleine Schwester als erste von uns ihre vermeintliche Trumpfkarte aus. «Aber Papa», zirpte sie, «auf einer Insel gibt es doch keine Weihnachtsbäume.» Auch sie wußte, welcher Kult in unserer Familie mit dem Baum getrieben wurde. Doch Papa stutzte nur kurz, dann lachte er. «Da macht euch man keine Sorgen, wir werden gemeinsam die schönste Edeltanne schlagen, die wir nur auftreiben können.» Mutter ergänzte noch: «Da kennt ihr aber euren Vater schlecht, der hat schon 1945 als Junge mit seinem Vater einen Tannenbaum aus einem Besenstil gebastelt.» Wir waren geschlagen und fügten uns in unsere Weihnachtsperspektive.

Es kam wie angekündigt. Vater fuhr mit uns Kindern kurz vor unserer Abfahrt zu einer Tannenbaumplantage, und nach vielem Hin und Her entschieden wir uns gemeinsam für eine breit ausladende Edeltanne. Sorgfältig wurde sie eingebunden und auf dem Dachgepäckträger verstaut. Ab ging es in die Ferien.

«Gut, daß wir unseren Baum mitgenommen haben», bemerkte Vater selbstgefällig, als wir nach unserer Überfahrt auf dem Eiland ankamen. «Außer wilden Rosen, Kiefern und Strandhafer wächst hier wohl nur noch Seetang», spottete er auf dem Weg zu unserem gemütlichen Ferienhaus, das sogar eine Sauna besaß. Leider hatte der Vermieter außen an der Sauna ein Schild angebracht: Steuerung defekt, bitte nicht benutzen! Vater murrte etwas von Preisminderung, meinte jedoch gleich darauf: «Na gut, dann stellen wir eben unseren Baum hinein, da kann er sich ideal an die Zimmertemperatur anpassen.» So geschah es zur allseitigen Zufriedenheit. Am Nachmittag fing es an zu stürmen; Mutter wollte unbedingt mit Vater einen ausgedehnten Strandspaziergang machen. Wir Geschwister fanden es in unserem Ferienheim gemütlicher und blieben zurück. Wir spielten alles mögliche, und u. a. auch Verstecken. Wer es nun genau war, steht bis heute noch nicht fest. Fest steht nur, daß sich unsere kleine Schwester immer wieder in der Sauna hinter dem Baum versteckte. Wir anderen fummelten an den Schaltern herum, bis wir den Lichtschalter für die Sauna ausfindig gemacht hatten, um ihr den Spaß an diesem zweifellos guten Versteck zu verleiden.

Beim Nachmittagskaffee – die Eltern waren mächtig durchgepustet worden – meinte Vater: «Wie einem warm wird, wenn man vorher nur genügend in frischer Luft war.» Beim Abendbrot zog Mutter recht vehement ihre geliebte Strickjacke aus, prüfte stirnrunzelnd den Raumthermostat. Vor dem Schlafengehen durften wir ausnahmsweise – es waren ja schließlich Ferien – noch ein wenig spielen. Natürlich spielten wir wieder Verstecken. Plötzlich stand meine kleine Schwester mit weit aufgerissenen Augen vor mir, hielt den Finger an die Lippen und zog mich an der Hand zur Sauna. Durch die Scheibe spürte ich schon die Hitze, voller Panik drückte und drehte ich alle Knöpfe und Schalter, die nur zu finden waren, bis endlich das Licht in der Kabine wieder ausging. Meine Geschwister kamen hinzu. Zusammen gingen wir erst einmal nach draußen. «Meinst du, er hält das aus?» fragten die Schwestern meinen Bruder. Der schüttelte nur stumm den Kopf, um dann nach einer weiteren Atempause schicksalsschwer zu verkünden: «Acht Stunden bei achtzig Grad, bis Heiligabend ist der Baum so trocken wie Schiffszwieback.» Die Worte schlugen bei mir ein wie ein Blitz; Betroffenheit trieb mir die Tränen in die Augen, der Gedanke an Vaters Enttäuschung war schier unerträglich. Was konnten wir tun, um den Schaden zu mindern? Wir verkrümelten uns erst mal in unsere Betten.

Am nächsten Tag kauften wir eine Dose Haarspray, die wir über die Nadeln sprühten, die schon jetzt rieselten wie sonst am Dreikönigstag. So rückte der Heilige Abend näher; so schön dieser Tag auch sonst war und von uns heiß erwartet wurde, mit jeder Stunde ging es uns schlechter. Am 23. nachmittags beschlossen wir, unserem Vater die Wahrheit zu sagen. Zerschlagen standen wir bei unserem Eingeständnis vor ihm. Zugegeben, er wurde blaß, als wir ihm unsere Not schilderten, fing sich dann aber erstaunlich schnell und sagte sofort: «Sagt bloß Mutter noch nichts, sie wird sonst schwer enttäuscht sein; dann verschwand er aus dem Haus. Nach zwei Stunden kam er abgehetzt wieder, natürlich ohne Baum. Er ging noch einmal in die Sauna, wir hinterher. Vater zog den Baum zur Tür und schon rauschten die breiten Nadeln wie ein Platzregen auf die Lattenroste. «Nun geht nichts mehr», schnaufte er. «Los ihr beiden, kommt mit», er zeigte auf meinen Bruder und mich. Unterwegs weihte er uns in sein Vorhaben ein. «Auf dem Friedhof habe ich vorhin ein paar Tannenbäume entdeckt.» Schweigen. «Aber Papa, du wirst doch nicht...» stammelten wir. «Nein, nein, nicht wie ihr denkt, wir nehmen pro Baum nur einige Zweige, das fällt dann gar nicht auf.» So erreichten wir ein wenig schaudernd den Friedhof. Kurz darauf säbelte Vater mit der kleinen Säge seines Jagdmessers die ersten Zweige von einem Baum neben der Kapelle. Mit entsetzlichem Herzklopfen stand ich auf der Rückseite der Kapelle Schmiere, um Vater zu warnen, falls jemand auftauchen sollte. Zunächst geschah nichts, doch dann kam es, wie es in solchen Situationen kommen mußte. Aus heiterem Himmel stand plötzlich ein älteres Mütterchen vor meinem Vater; keiner von uns hatte sie bemerkt. «Moin, moin», sagte sie recht couragiert. «Darf ich fragen, was Sie hier vorhaben?» In seiner Verdattertheit wischte Vater sich Augen und Stirn, musterte die alte Dame, rang mit den Händen, um dann der Wahrheit gemäß herzzerreißend von unserem Mißgeschick zu erzählen. «Nein», sagte die Oma ein um das andere Mal: «Niemals in meinem Leben würde ich in eine Sauna gehen, und auch die Kinder werden heutzutage viel zu frei erzogen, verhauen müßte man die Gören.» Vater nickte, und mit jeder Bestätigung wuchs die Sympathie zwischen den beiden. «Nehmen Sie nur», ermunterte das Mütterlein und fing an, Vater beim Aussuchen der Zweige behilflich zu sein. «Hinten bei der Pumpe stehen auch noch welche», murmelte sie beim Verabschieden und gab Papa noch den guten Rat, die Zweige in eine Vase zu stellen, weil das mit der Baumbastelei ja doch nichts würde. Mit den Worten «Tschüs» und «Frohe Weihnachten» verschwand sie so schnell, wie sie gekommen war. «Zweige in die Vase stellen», murmelte Vater und schüttelte den Kopf.

Daheim holte er aus dem Auto die Werkzeugkiste. Ast für Ast wickelte er das frische Tannengrün auf die abgenadelten Äste unserer Saunatanne. Zwischendrin summte er immer wieder «Ihr Kinderlein kommet»; so wurden wir alle Stunde um Stunde fröhlicher.

Der Heilige Abend rückte näher, es wurde dunkel, wir zogen uns festlich an, in der Stube raschelte es, dann das Glöckchen, wir durften das Zimmer betreten. Wunderschön sah er aus, unser selbstgebastelter Friedhofsbaum. Er war grün, duftete herrlich und die Wunderkerzen ließen die Kugeln leuchten, er hatte eine grüne Spitze, an der ein

Strohstern prangte. Vater strahlte, Mutter kämpfte mit den Tränen. «Stille Nacht» war noch nicht verklungen, da fing unser Dackel mitten im Gesang heftig an zu bellen. Kurz darauf hörten wir ein Pochen an der Tür; irgendeiner von uns öffnete irritiert. Da stand sie vor uns, die gute alte Frau vom Friedhof, und ein Tannenbäumchen hielt sie in der Hand. «Ich habe gedacht, Zweige in der Vase zu Weihnachten ist für Kinder doch nichts», sagte sie strahlend, «und deswegen können Sie meinen haben. Ich bin schon eine alte Frau und komme mit einigen Zweigen auch zurecht.» Vater verzog das Gesicht, als Mutter ausrief: «Das ist aber reizend von Ihnen, kommen Sie doch herein, wir machen gerade Bescherung.» Und tatsächlich, sie kam herein, sang mit uns und blieb bei uns, feierte mit uns und erzählte, sie habe Gott und die Welt auf der Insel verrückt gemacht, um noch einen Baum aufzutreiben, und allen Leuten habe sie von unserem Schicksal und unserer Verzweiflung erzählt. «Das war aber nicht nötig», sagte Vater gerade, als es schon wieder an der Tür klopfte. Diesmal war es der Vermieter mit einem hübschen kleinen Bäumchen. Verlegen erwähnte er, daß er doch ein Schild an die Sauna geheftet hätte, und entschuldigte sich noch mehrfach für die defekte Installation.

Es wurde Punsch gekocht. Auch der Vermieter blieb und bewunderte unseren Baum immer wieder, und Vater wurde immer stolzer. Die alte Dame hatte wirklich ganze Arbeit geleistet, denn mitten in diese gemütliche Stimmung hinein klopfte es wieder an der Tür; diesmal war es der Kurdirektor, der uns ein Bäumchen brachte. Er ließ von der Übergabe auch gleich ein Blitzlichtfoto schießen. Nach dem Kurdirektor erschien noch der Bürgermeister mit einem Baum, und der letzte in der Runde war der Pastor, der nach der zweiten Andacht in eine schon recht fröhliche Runde geriet. Mit jedem Glas Punsch wurde unser Baum noch schöner. Zu vorgerückter Stunde bestand die Oma darauf, nun doch wenigstens einen Blick in die Sauna zu werfen. Der Pastor erwähnte, daß die alten Friedhofstannen sowieso vom Küster ausgelichtet werden sollten.

Weit nach Mitternacht löste sich die Gesellschaft langsam auf; alle versicherten, daß von Vaters Baum eine ganz besondere Weihnachtsstimmung ausgehe und daß er im nächsten Jahr unbedingt wieder so verfahren solle, vielleicht auch ein Exemplar für das Kurmittelhaus oder das Rathaus oder die Kirche fertigen könnte. So schwankten sie langsam von dannen, wir winkten ihnen noch hinterher. Vor der Tür standen vier Bäume, den fünften, den von «unserer» Oma, hatte sie sich mit beherztem Griff wieder unter den Arm geklemmt.

Elvira Aust

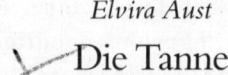
Die Tanne

In einer Waldlichtung stand einsam und allein eine mächtige Tanne. Großzügig breitete sie ihre Zweige aus, so daß viele Tiere bei schlechtem Wetter Schutz bei ihr fanden. Darauf war sie sehr stolz. Seit einigen Jahren trug unsere Tanne wunderschöne Zapfen in ihrer Krone, das war ihr besonderer Stolz. Die Zapfen enthielten winzige Samen, und so bekam unsere Tanne auch Kinder. Der Regen drückte den Samen in die Erde, wo sie kleine Wurzeln fassen konnte. So entstand nach und nach eine richtige Tannenfamilie.

Der Sommer ging zu Ende. Der Herbst kam mit seinen letzten Sonnenstrahlen. Die Nachbarin Birke verfärbte ihre Blätter, und manchmal, wenn sie von der Sonne bestrahlt wurde, schien es, als wenn die Blätter aus lauter Gold wären. Diese Pracht hielt nicht lange an. Nach und nach fielen die Blätter bei Regen und Sturm ab. Grau und kahl stand sie nun da. Die Tanne aber triumphierte in ihrem grünen Kleid. Am liebsten hätte sie sich von allen Seiten in einem Spiegel betrachtet, so schön fand sie sich und ihre Kinder.

Über Nacht war es sehr kalt geworden. Der Nebel des letzten Tages hatte sich auf ihre Zweige gelegt und war zu einer weißen Schicht gefroren. Unsere Tanne mit ihrem grünweißen Gewand stand da, als hätte sie das schönste Kleid ihres Lebens für ein großes Fest angezogen. Am gleichen Tag kam der Förster mit seinen Gehilfen durch den gerade jetzt so schönen Wald. Unsere Tanne hörte ihn sagen: «Auch hier sind schon sehr schöne Weihnachtsbäume.» Jetzt guckte unsere Tanne noch stolzer auf ihre schönen Kinder.

Die Nächte wurden immer kälter, immer mehr Vögel suchten Schutz in den dichten Zweigen der Tanne. Auch Hasen und Rehe mit ihren Jungen, die inzwischen schon recht schön groß waren, suchten jede Nacht die weiche Decke aus trockenem Gras unter der Tanne. Eines Morgens, es war noch gar nicht richtig hell geworden, hörte unsere Tanne ein seltsames Geräusch, ganz in ihrer Nähe. Menschenstimmen, vor denen sie sonst keine Angst hatte, klangen so anders, so bedrohlich. Die Vögel flogen ängstlich davon, auch die Rehe mit ihren Kitzen suchten schleunigst mit großen Sätzen das Weite. Nur unsere Tanne stand da und wartete ab, was nun kam.

Die Männer mit der scharfen Säge kamen immer näher und sägten die schönsten der jungen Tannen ab. «Nein, nein! Laßt das doch, das könnt ihr doch nicht machen, hört ihr, Menschen, das sind doch alles meine Kinder, die könnt ihr nicht einfach absägen und mitnehmen!» Die Männer mit ihren Sägen aber verstanden die Sprache der Tanne nicht und sägten weiter die schönsten Bäumchen ab. Einer von den Männern sagte sogar lachend: «Das ist ein besonders schöner Tannenbaum, den nehme ich für meine Kinder mit nach Hause, die werden sich freuen.»

Unsere große stolze Tanne aber weinte bitterlich um ihre Tannenkinder, bis tief in die Nacht. – Schemenhaft guckte der Mond in dieser Nacht hinter den Wolken hervor. Als er die traurige Tanne sah, kam er ganz heraus und schien nun besonders hell. Er tröstete so die Tanne auf seine Weise.

Am nächsten Morgen stand unsere Tanne immer noch ganz traurig da. Das sah die Nachbarin Birke und legte ihre kahlen Zweige ganz tief herunter, als wollte sie die große schöne Tanne trösten. «Sei doch nicht so traurig», sagte sie, «du hast noch viele Kinder behalten, und in deiner Krone trägst du noch so viele braune Zapfen voller Samen. Wir Mütter müssen uns daran gewöhnen, daß uns unsere erwachsenen Kinder irgendwann verlassen. Und bedenke noch eines», sagte die kluge Birke, «alle deine Tannenkinder werden den Menschen in der Stadt sehr viel Freude bringen. Sie werden feierlich geschmückt in der guten Stube stehen, im Kerzenlicht hübsch mit bunten Kugeln und Geschenken, und Gesunden und Kranken, Reichen und Armen und vor allem unzähligen Kindern Freude bringen.» Da beruhigte sich unsere Tanne. Als wieder der Mond schien, hatte sie das Gefühl, in viele erleuchtete Fenster zu sehen. Jetzt war unsere Tanne wieder glücklich, machte die Augen zu und schlief voller Zufriedenheit ein. Halb im Traum sagte sie zu sich selbst: «Die kluge Birke hat doch recht. Meine Tannenbaumkinder wachsen jedes Jahr heran, um am Weihnachtsabend unzählige Menschen mit ihrem Grün, geschmückt mit Kerzen, Kugeln und Lametta, zu erfreuen.»

Gerhard Bahr

Einer wird glücklich

Es war eigentlich noch reichlich Zeit bis Weihnachten 1951, als sich mein Vater nach den Wünschen seiner Familienangehörigen erkundigte. Wir kamen schließlich überein, unsere

Ersparnisse zusammenzulegen, um uns gemeinsam ein Radio zu kaufen. Doch leider reichte die Summe, die zusammenkam, nicht aus.

Einige Tage später besuchte ich mit einem Kommilitonen eine Ausstellung am Berliner Funkturm; ich wollte mir unter anderem einen Überblick über das Angebot der Radiohersteller verschaffen.

Bei dem Rundgang entdeckten wir ein Plakat, auf dem der Nordwestdeutsche Rundfunk die Besucher zur Teilnahme an dem Ratespiel «Einer wird glücklich» einlud. Es sollte angeblich die erste Veranstaltung dieser Art sein, die sogar im Fernsehen gezeigt werden würde. Wir fragten uns, «Fernsehen», was mag das wohl sein... Neugierig kamen wir zwei Studenten überein, der Einladung zu folgen. Die Sache hatte nur einen Haken: Es gab keine Eintrittskarten mehr. So warteten wir geduldig bis zum Einlaß, um zwei zurückgegebene Billetts zu erhalten, und wir hatten tatsächlich Erfolg.

Endlich ging der Vorhang auf, ein Mann am Klavier spielte die «Berliner Luft», es gab einen Tusch, und zwei stattliche Herren erschienen im Scheinwerferlicht; der erste stellte sich als der Spielmacher Hans Gertberg und der andere als sein Protokollchef Erich Fiedler vor. Mein Studiengenosse Günter flüsterte mir zu, daß der erste Jazz-Sendungen machen würde, und ich flüsterte zurück, daß der andere Schauspieler sei. Gerade in diesem Augenblick wurde der Besitzer der Eintrittskarte Nr. 149 aufgerufen, sich als erster Mitspieler zu melden. Es herrschte Stille im Zuschauerraum. Plötzlich rief mein Nachbar: «Mensch, die Nummer bin ich... geh du auf die Bühne, ich hab Angst!» Wir tauschten unsere Eintrittskarten, und nach wenigen Sekunden stand ich erstmalig in meinem Leben vor 250 Zuschauern und surrenden Fernsehkameras. Ich stammelte schüchtern meinen Namen, schüttelte Hände und mußte den mir zugewiesenen Platz einnehmen; vier weiteren sogenannten «Funk-Denk-Mitspielern» erging es ähnlich.

Nach kurzer Erklärung der Spielregeln begann die erste Runde. Es mußten unter anderem bekannte Berliner Melodien und die Komponisten erraten werden; für richtige Antworten gab es Punkte. Der Ablauf war also nicht viel anders als heute, nur die jetzt geläufigen Begriffe wie «Ratespiel», «Quizmaster», «Jury» und dergleichen kannte oder benutzte man noch nicht; statt dessen war die Rede vom «Funk-Denk-Spiel», «Glücksritterturnier-Leiter» und «dem Mann mit dem Gesetzbuch»... (so nachzulesen in der Weihnachtsausgabe der Funkzeitung von 1951).

An jenem Abend war Fortuna mir sehr wohlgesonnen; denn ich errang die höchste Punktzahl auf dem sogenannten «Kerbholz» – einer einfachen Schultafel. Am Ende ging es um alles oder nichts – ich sollte selber ein lustiges Rätsel erfinden und an die Mitspieler aufgeben.

In den vorgegebenen 30 Sekunden fiel mir – ach wie traurig – nur meine Tabaksorte ein, und ausgerechnet diese sollten die andern erraten; sie trug nämlich den Namen einer bekannten Oper von Bizet: «Carmen».

Die Uhr tickte und tickte... Blackout bei den Konkurrenten. Da spielte doch zu meinem Ärger der Kerl am Klavier: «Auf in den Kampf...» Am liebsten hätte ich ihn verhauen. Sofort brüllte ein Gegenspieler: «Torero!» Sein Irrtum bedeutete meinen Sieg. Ich empfing als ersten Preis ein riesengroßes Radio – sogar mit einem «magischen Auge», d. h., wenn das Gerät auf UKW sendete, leuchtete eine grüne Lampe auf.

Ich hielt das Weihnachtsgeschenk für die Familie in meinen Armen und strahlte vor Glück. Plötzlich fiel mir ein, daß ich meinem Kommilitonen als Dank für die mir überlassene Eintrittskarte versprochen hatte, einen etwaigen Gewinn teilen zu wollen. Was nun?

Allmählich ebbte der Applaus ab; ich wurde aufgefordert, zwei Lose für Zuschauer aus einem Sektkübel zu ziehen. Ich schaute in das Gefäß und entdeckte obenauf die Nummer 148 meiner eigenen Eintrittskarte, die ja, wie bemerkt, nach dem Tausch mein Kollege Günter in den Händen hielt. Schnell packte ich das Glück beim Schopfe und schrie «148»! Mein Studiengenosse regte sich nicht... ich wiederholte, so laut ich konnte: «148»!! Er zuckte erschreckt zusammen. Sekunden später stand er neben mir auf der Bühne und erhielt zu seiner Verblüffung ebenfalls ein Radio, zwar etwas kleiner – dafür mit einem Wecker.

So verlief eine der ersten Quizsendungen im Fernsehen, die draußen vor den Schaufenstern größerer Radiogeschäfte bestaunt werden durfte; denn nur wenige Menschen konnten sich ein Fernsehgerät leisten. Und wetten, daß ich mich über den sogenannten «Super» ebenso riesig gefreut habe wie heute der Gewinner eines Autos?

Lotte Basel

Nachklang zu Weihnachten

Wir haben uns entschlossen, unsere Tochter nach Hamburg zum Zug zu bringen. Es ist schon dunkel, als wir Kiel verlassen. Die Autobahn nach Hamburg, erst hell erleuchtet, wird langsam dunkler, und aus vereinzelten Häusern leuchten helle Fenster in die Nacht – Kerzen an Weihnachtsbäumen.

Der Nebel des Heiligen Abends ist einem fast klaren Himmel gewichen, Ruhe und Frieden über Schleswig-Holstein. Wir fahren schweigend, nur ab und zu fällt ein Wort – ein Wort des Dankes für gemeinsam verlebte Stunden. Dann kommen die Vororte von Hamburg. Hier ist es fast noch ländlich, nur die Hochhäuser lassen die nahe Großstadt erahnen. Je näher wir der Innenstadt kommen, desto heller wird's draußen. Die großen Kaufhäuser strahlen noch in weihnachtlichem Lichterschmuck. Hauptbahnhof! So viele Autos wie an Werktagen – kein Parkplatz, auf einen, der frei wird, warten drei Wagen! Herren im Smoking steigen aus, Damen in Abendkleidern – gegenüber ist das Schauspielhaus, hell erleuchtet.

Wir gehen in den Bahnhof. Die grelle Helligkeit und die vielen Menschen lassen einen Weihnachten vergessen, stünde nicht inmitten des Bahnhofs diese herrliche, große Tanne! Behängt mit Lichtern und Brezeln.

Mir fallen die vielen Ausländer auf, meist mit dunkler Hautfarbe, aber alle gut gekleidet, wenn auch oft poppig. Mein Gott! denke ich, da kommen ja auf zwanzig Deutsche zehn Ausländer! Die meisten kommen in kleinen Gruppen – laut schwatzend, unbekümmert. Und dann die Inder mit ihren melancholischen Augen. Dort, ein elegantes Paar; sie im grünen Sari, er im Smoking. Sie streben dem Ausgang zu, Richtung Schauspielhaus. Es quirlt und brodelt. In der Bahnhofspost tauschen wir noch Geld um. Wieder Ausländer – geduldig warten sie in Schlangen vor den Telefonzellen für Ferngespräche. Sie warten auf ein paar Minuten Gespräch mit ihren Angehörigen. Daneben drei junge Männer, Christus-Jünger! Mit großen Buchstaben steht auf ihren Mänteln am Rücken: Christus kommt – Er kommt auch zu dir! Sie sprechen und diskutieren mit anderen jungen Leuten, leise, eindringlich. Man hört ihnen zu, skeptisch und doch fragenden Blickes – suchend nach irgendwas! Wir gehen zum Bahnsteig. Ein anderes Bild! Reisende, meist Deutsche, die in Winterurlaub fahren. Ehepaare mit Kindern, die stolz ihre neuen Skier tragen. Ich denke, wie gut es uns doch geht!

Ich sehe kaum eine Frau mit Stoffmantel. Alles trägt Leder, innen Pelz, oder Pelzmäntel – oder schicke Anoraks. Gediegene Eleganz, zweckmäßig, unaufdringlich. Dort ein älteres Ehepaar in Lodenmänteln, nett anzusehen, und dahinten einige zünftige Skiläufer in Anorak und Schnallenstiefeln. Sie stapfen schwer am Bahnsteig entlang, mit fröhlichen Gesichtern. Der Zug läuft in die Halle. Händeschütteln, gute Reise!

Komm gesund zurück! Dank für die schönen Tage! Ein letztes Winken; wir gehen langsam vom Bahnsteig in die Bahnhofshalle.

Mein Mann bleibt einen Augenblick zurück. Ich gehe weiter und stehe plötzlich inmitten einer Gruppe schwarzer Menschen, Männer und Frauen. Während ich mich nach meinem Mann umschaue, kommt eine Negerin ganz nah an mich heran, schaut mich böse an und streckt mir die Zunge heraus. Ich erschrecke sehr, trotz der Helligkeit, und frage mich, warum? Ich gehe rasch weiter und sehe sie wieder und wieder, die Menschen anderer Hautfarbe, allein und oft so einsam. Manche lehnen an einer Mauer, an einem Kiosk, und schauen verständnislos und fragend zu der großen Tanne. Ihre Gedanken scheinen weit weg zu sein!

Ich sehe meinen Mann, er steht bei einer kleinen Gruppe. Zwei junge Männer mit langen Haaren singen und spielen Gitarre. Ich kann nichts verstehen, aber die Menschen stehen schweigend um sie herum und lauschen. Keiner sagt etwas, keiner stört, keiner protestiert! Weihnachten! Ich denke, ist es nicht doch ein Wunder, daß es das noch gibt? Und daß die schöne Tanne da noch so unversehrt und majestätisch im Großstadtbahnhof stehen kann? Und immer wieder die vielen suchenden und fragenden Gesichter ringsum. Mir ist, als warteten sie alle auf irgend etwas Wunderbares – aber auf was?

Als wir den Bahnhof endlich verlassen, bin ich froh, daß ich wieder die klare Abendluft einatmen kann.

Draußen ist es inzwischen ruhiger geworden, die Straßen sind leerer. Wir fahren langsam aus Hamburg heraus. Viele Fenster sind nun erleuchtet. Lichter, Kerzen... Dann nimmt uns die Autobahn auf. Über uns ist jetzt ein sternenklarer Himmel. Wir sprechen nicht viel auf der Heimfahrt. Vor Kiel wird's hell, die Lichter künden die nahe, liebenswerte Stadt an – wir freuen uns auf zu Hause!

Wir zünden noch einige Kerzen an und denken an die Stunden, die wir gerade erlebt haben. Wieviel Einsamkeit ist uns begegnet, wie viele Menschen haben wir gesehen, die jetzt noch immer irgendwo auf einem Bahnhof stehen oder vor einer Telefonzelle auf ein weihnachtliches Wort, auf ein Wort der Liebe warten, von zu Hause.

Wir sind zu Hause und haben Kerzen angezündet!

Ich glaube, das ist ein Grund, dankbar zu sein!

Marita Bensmann

Denkt euch…

Es ist schon eine ganze Weile her, aber ich erinnere mich noch gut an mein bedeutendstes Weihnachtserlebnis. Ich war damals ein kleines Mädchen, sechs Jahre jung, brav und lieb, gerade in die Schule gekommen und deshalb wohl auch schon sehr neugierig auf all die Dinge, die in meinem Leben passierten.

Wie bestimmt jedes Kind freute ich mich immer besonders auf den Dezember, auf die Adventssonntage, den Spaziergang mit den Eltern durch die kalten Winternachmittage, die Schlittenfahrten im Schnee, den Adventskranz und die mit Spekulatius und Lebkuchen gefüllten Teller, die unsere Mutter meiner Schwester und mir zusammen mit heißem Kakao zum Frühstück hinstellte. Jede Woche brannte eine weitere Kerze auf dem Adventskranz im Wohnzimmer, und das war ein untrügliches Zeichen dafür, daß es nicht mehr lange dauern konnte bis zum Heiligen Abend. Endlich begannen auch die Weihnachtsferien, wir hatten in der Schule unter den Mitschülern noch gegenseitig kleine Geschenke ausgetauscht und waren dann jauchzend nach Hause gerannt.

Am Morgen des großen Tages ging ich mit meiner Großmutter einkaufen, gemeinsam suchten wir Geschenke für die Eltern aus, dann schmückte ich den Tannenbaum, der sich in der kleinen Mietwohnung meiner Großmutter besonders gut machte und alles in einen festlichen Glanz tauchte. Die Krippe wurde hervorgeholt, ich stellte Esel und Schafe, die Hirten und die Könige in einem weiten Halbkreis um das heilige Paar mit dem kleinen Jesus in der Mitte auf.

Nachmittags holten meine Eltern mich ab, die ganze Familie besuchte den Gottesdienst, sang in der rappelvollen Kirche Weihnachtslieder und betete für diejenigen, die an diesem Abend hungern und frieren mußten oder ganz alleine waren und keinen Menschen hatten, mit dem sie zusammen Weihnachten feiern konnten.

Nach der Kirche gingen wir zu Fuß nach Hause. Meine Ungeduld wurde immer größer, denn bald war Bescherung. Ich fragte andauernd, wann endlich die Wohnzimmertür aufginge und meine Schwester und ich unsere Geschenke bekämen. Da mahnte mich Vater zur Geduld, schließlich hätte das Christkind heute überall viel zu tun. Und wenn man es bei der Arbeit stört, sagte er, dann würde es sich bestimmt furchtbar erschrecken und ganz schnell fortlaufen, und wir bekämen überhaupt keine Geschenke. Gut, dachte ich bei mir, soll das Christkind in Ruhe alles vorbereiten. Aber zu Hause angekommen, ging ich in meinem Zimmer auf und ab und wurde dann doch etwas unruhig. War das Christkind wohl schon da? Hatte es denn auch an alles gedacht, was auf meinem Wunschzettel stand? Ich schlich mich zum Wohnzimmer und lauschte an der Tür. Drinnen war nichts zu hören. Im Haus war es ganz still, auch von den Eltern keine Spur. Vielleicht mußten sie noch dem Christkind klarmachen, daß es unbedingt die Puppe besorgen solle, die ich mir sehnlichst gewünscht hatte. Ich bückte mich und blickte durch das Schlüsselloch. Und dann erschrak ich furchtbar, weil plötzlich ein schrecklich-schöner heller Schein meine Augen blendete. Das mußte das Christkind sein! Schnell lief ich in mein Zimmer zurück und war jetzt noch beunruhigter als vorher. Hoffentlich hatte mich das Christkind nicht bemerkt. Dann wäre es bestimmt furchtbar böse und würde nie wieder unsere Familie zu Weihnachten besuchen.

Endlich rief uns Vater in das Wohnzimmer hinein. Dort strahlte der Tannenbaum, und viele Geschenke lagen darunter. Ich zögerte mit dem Eintreten und blickte in alle Ecken des Raumes, um herauszufinden, ob sich vielleicht noch irgendwo das Christkind befand. Aber es war nichts mehr von ihm zu sehen. Im stillen bat ich es um Entschuldigung für meine große Neugierde und versicherte, daß ich es wirklich nicht hatte stören wollen.

Die neue Puppe habe ich bekommen, und spät am Abend, als ich endlich ganz alleine in meinem Bett lag, dankte ich dem Christkind noch einmal für den wunderschönen Heiligen Abend. Ich betete für die Armen und Einsamen, daß sie auch bloß nicht das Christkind bei seiner Arbeit stören sollten, denn dann würde ihnen niemand an Weihnachten eine Freude machen.

Nun ja, wahrscheinlich war es bloß eine Kerze oder die Deckenleuchte, die mich damals so geblendet hat. Aber seit dieser Zeit hat es für mich immer eine ganz besondere Bedeutung, wenn ich Weihnachten die Worte höre: «Denkt euch, ich habe das Christkind gesehen...»

Cornelia Berkefeld

Weihnachtszauber
für Groß und Klein

An einem gemütlichen, schneereichen Winterabend im Dezember sprachen wir in unserer Familie über Weihnachten. Die Frage hieß in diesem Jahr: «Weihnachtsmann – ja oder nein?» Wir älteren Geschwister waren auch in diesem Jahr dafür, da unser sechsjähriges Nesthäkchen Melanie den Weihnachtszauber mit strahlenden, neugierigen Kinderaugen wie in jedem Jahr erleben sollte. Mutter aber war ganz anderer Meinung, sie wußte, Melanie hatte durch ihre Schulfreunde längst erfahren, daß die Geschichte mit dem Weihnachtsmann geflunkert sei. Im letzten Jahr hatte sie auch bemerkt, daß stets irgend jemand aus der Familie fehlte, wenn die Bescherung begann. Ausreden würden dieses Jahr nicht mehr ankommen. Also, Mutter und Vater waren für eine Bescherung ohne Weihnachtsmann. Das stimmte uns traurig, obwohl wir längst zu alt waren, um auf den Weihnachtsmann zu pochen!

Also machte ich mir mit meinen neunzehn Jahren Gedanken zum Weihnachtsfest. Meine Freundin Iris erfuhr von unserer Familiendebatte und wollte uns gern helfen. Sie hatte Spaß daran gefunden und übernahm die lustige Aufgabe, für uns die «Weihnachtsfrau» zu spielen, natürlich in der Verkleidung eines Weihnachtsmannes. Jedenfalls begannen die Heimlichkeiten, und die Vorfreude war groß. Ich war Feuer und Flamme. Also doch Weihnachtszauber!

Mutter wurde in unsere Geheimnisse einbezogen und half bei allen Vorbereitungen mit, sonst erzählten wir es niemandem. Pünktlich am 24. Dezember um 18 Uhr klopfte und hämmerte es an der Haustür. Alle Familienmitglieder waren versammelt, niemand fehlte wie sonst in jedem Jahr, und jetzt stand ein toller Weihnachtsmann vor uns, mit prallgefülltem Sack über der Schulter. Melanie schaute ängstlich in die Augen des «Weihnachtsmannes» und blickte immer wieder überrascht in unsere vollständige Familienrunde. Die Überraschung war gelungen, alle schauten sich verwundert an, nur über Mutters und mein Gesicht huschte ein Lächeln. Also doch Weihnachtszauber für alle! Es wurde noch ein sehr schönes Weihnachtsfest durch die strahlenden Augen von Melanie.

Wochen später wurde unsere «Weihnachtsfrau» zum

Essen eingeladen. Und bei dem leckeren Schmaus wurde viel gelacht. Melanie fragte viele Wochen später einmal: «An wen erinnert mich bloß die Stimme von Iris?» Die Antwort blieben wir ihr vorerst noch schuldig.

Erst Jahre später wurde das streng gehütete Geheimnis gelüftet, und es gab einen Riesenspaß für alle Familienmitglieder!

Edgar Dembeck

Die Rettung des «großen Meisters»

Eine nicht alltägliche Weihnachtsgeschichte

Mühsam stapfte ich durch den schweren Schnee Richtung Seeufer. Kurz vor der Abzweigung zum Steg drehte ich mich um und schaute Richtung Dorf. Einige pechschwarze Krähen suchten unter der alten Eiche nach Nahrung und hüpften lustig im Schnee herum. «Die Vögel haben es inzwischen schwer mit der Nahrungssuche; auch wenn es sehr lustig aussieht», dachte ich mitleidsvoll und ging weiter zum See. An diesem Heiligen Abend ging ich zum erstenmal allein spazieren. «Mach noch einen kleinen Rundgang, bis ich das Essen fertig habe», sagte meine Frau an diesem Nachmittag zu mir.

Inzwischen betrat ich den hölzernen Steg und schaute andächtig über die gekräuselte Wasseroberfläche, wo sich einige Bläßhühner rasch entfernten. In der Ferne hörte ich leise, aber immer wiederkehrende Glockentöne. Das Glockengeläute wird wohl von der Kirche in Bosau kommen, dachte ich, während mein Blick langsam am bewaldeten Ufersaum hoch in den kalten, stahlblauen Himmel wanderte und dabei fast zufällig einen größeren Vogel erfaßte. Ich nahm mein Fernglas und versuchte, den Vogel zu bestimmen. Da sah ich ihn wieder. Fasziniert beobachtete ich die immer größer werdenden Kreise, die der noch unbekannte

Vogel langsam, beinahe majestätisch über dem See zog. Endlich flog er in meine Richtung, und ich war mir sicher, daß es ein Raubvogel sein mußte. Konnte ein Bussard auf Fischfang gehen? Unmöglich! Also mußte es ein See- oder Fischadler sein. Ich wagte kaum zu atmen, um nicht mit dem Glas zu wackeln.

Inzwischen kam er so nahe, daß ich ihn mit dem Fernglas gut bestimmen konnte. Und ich war überrascht: Es war ein Mäusebussard! Ein wohl noch junges Tier, das über dem Stocksee kreiste und eindeutig die Wasseroberfläche beobachtete. Was soll das nur bedeuten? Beeindruckt schaute ich dem Bussard zu, wie er immer näherkam und schließlich nur noch ein paar Meter über dem See kreiste. Ich nahm das Fernglas weg, da ich ihn bei dieser Distanz inzwischen gut mit bloßen Augen sehen konnte. So etwas hatte ich in meinem ganzen Leben noch nicht beobachtet!

Plötzlich wurde sein Flug aufgeregter; hastig flog er ein Stück gegen den Himmel, um sich danach jedoch wieder schnell fallenzulassen. Zeitweise sackte er bis kurz über die Wasseroberfläche, um aber dann doch wieder aufzusteigen. Da – ich hörte einen schrillen Schrei des Bussards! Und dann traute ich meinen Augen nicht! Der Raubvogel legte plötzlich die Flügel an und stürzte sich in das eiskalte, dunkle Wasser des Stocksees! Nicht zu glauben! Ob es doch ein junger Seeadler war und ich den Vogel falsch bestimmte? Zweifel kamen in mir hoch.

Der Vogel tauchte kurz vollständig unter, und für ein paar Augenblicke sah ich ihn fast nicht mehr. Dann aber kam er langsam wieder hoch, schnappte nach Luft und schlug mehrmals mit ausgebreiteten Flügeln laut klatschend auf die Wasseroberfläche. Nein, meine Zweifel waren dann endgültig beseitigt. Es war ein Mäusebussard, der offensichtlich mit letzter Kraft versuchte, sich aus dem Wasser zu hieven. Da ihm das nicht gelang, bewegte er sich mit schlagenden Flügeln langsam Richtung Ufer. Nun erkannte ich eindeutig die hilflose Lage des Vogels. Immer wieder tauchte er unter, kam hoch und ruhte sich mit weit gespreizten Flügeln auf dem Wasser aus. Tatsächlich wurde der Vogel allmählich langsam Richtung Land getrieben. Ich rannte vom Steg ans Ufer und suchte hastig nach einem längeren Stock, um so dem Bussard vielleicht helfen zu können.

Als ich mit einem langen Haselnußstock zurückkam, konnte ich den Vogel nicht mehr sehen. Hoffentlich war er in der Zwischenzeit nicht ertrunken! Schnell suchten meine Augen die schwarze Wasseroberfläche ab – nichts zu sehen. Ich hatte nicht bemerkt, daß es inzwischen fast dunkel geworden war. Ich schwitzte vor Aufregung und rannte ein Stück am Ufer entlang. Da bewegte sich etwas im Wasser! Und dann sah ich ihn. Die Flügel ruhten auf dem Wasser, den Kopf hielt er mühsam hoch. Der Bussard war am Ende seiner Kraft. Tief in meinem Innern spürte ich den Todesschrei des Vogels. Ich trat mit meinen Stiefeln ins seichte Wasser und versuchte mit bloßen Händen nach dem Vogel zu greifen. Das Gefieder war fast vollständig gefroren, als ich ihn aus dem Wasser nahm. Hoffentlich lebte er noch! Ich schaute mir den Bussard genauer an und spürte durch meinen rechten Handschuh sein aufgeregtes Herz schlagen. Gott sei Dank, der Bussard lebte. War ich glücklich!

Der Vogel schaute mich mit weit aufgerissenen Augen an. Ansonsten war er klamm, bewegungslos und sehr schwer. Eilig machte ich mich auf den Heimweg. Und nun fing es auch noch an zu schneien. Nach ein paar Minuten konnte ich meine Hand nicht mehr vor den Augen sehen. So ein Schneesturm! Ich wischte den Schnee von meiner Uhr und sah, daß es inzwischen schon sehr spät geworden war und ich längst hätte zu Hause sein müssen. Aber als ich den Bussard unter meiner warmen Winterjacke spürte, war für mich auf einmal der Weihnachtsbraten nicht mehr so wichtig. Ich hatte ihn gerettet! Voller Stolz sah ich ihn an; nur sein Kopf schaute aus der Jacke.

Als ich endlich an unserer Haustür klingelte, war das Gesicht des Bussards total zugeschneit. Als ich meiner besorgten Ehefrau von dem Erlebnis und der dramatischen Rettung erzählte, nahm sie fast zärtlich den Mäusebussard aus meiner schneebedeckten Jacke und strich ihm vorsichtig über das nasse Gefieder. «Du hast heute am Heiligabend diesem Tier das Leben gerettet», sagte sie. «Das ist mein schönstes Weihnachtsgeschenk. Ich danke dir von Herzen!»

Noch am späten Abend fuhren wir unseren «großen Meister», den wir ab sofort so nannten, in ein bekanntes Wildgehege im Segeberger Forst, wo er fachmännisch versorgt wurde. Aufgrund des strengen Winters war er wohl vor Schwäche in den See gestürzt. Bei starkem Schneetreiben erreichten wir gegen Mitternacht unser Heim. Erschöpft, glücklich und sehr zufrieden. Von weitem läuteten leise die Weihnachtsglocken.

Gerhard Eckhardt

Ein Paket aus dem Himmel

Karl Hampel trug seit vierzig Jahren die Post in Klingenthal aus. Das Paket, das er zwei Tage vor Heiligabend in seinen Händen hielt, sah ganz normal aus, war in braunes Packpapier gewickelt und mit derbem Bindfaden verschnürt. Mit krakeliger Schrift war die Adresse geschrieben:

An Frau Lenchen Kühn in Klingenthal, Haus Nr. 13

Wie zufällig fiel sein Blick auf den Absender, und seine Augen weiteten sich, als er dort las:

Heinrich Kühn, Im Himmelreich 7

Unwillkürlich ließ er das Paket auf den Boden zurückgleiten, denn der, von dem das Paket stammte, war vor zwei Monaten gestorben. Der Tote und er waren im gleichen Alter, hatten zusammen die Schulbank gedrückt und im Gesangverein «Harmonia» gesungen.

Nach dem ersten Schreck las Karl Hampel noch einmal genau den Absender. Er bewegte langsam das Paket hin und her und konnte sich eines Schauders nicht erwehren, als er es dabei rasseln und klappern hörte. Wie lauter Knochen, durchzuckte es ihn.

Kopfschüttelnd und mit großem Unbehagen verstaute er es auf dem Gepäckträger seines Dienstrades und schnürte die Lederriemen fest darum. Als er auch alle Briefsachen in seine Mappe eingeordnet hatte, schwang er sich aufs Rad und begann mit seiner Zustellung. Wenn er über die unbefestigten Wege fuhr, hörte er hinter sich deutlich das Knochengerippe rappeln. Seine Gedanken beschäftigten sich so sehr damit, daß er glatt am ersten Haus vorbeigefahren wäre, hätte nicht Frau Struwe hinter ihm hergerufen: «Hallo, Herr Hampel, haben Sie heute nichts für mich?»

Erschrocken hatte er auf die Bremse getreten und angehalten. Er schob das Fahrrad zu Frau Struwe zurück. Die stand an der Gartenpforte und fragte ihn, als sie seine Zerstreutheit bemerkte: «Fehlt Ihnen was, Herr Hampel?»

«Nein, nein, mir geht es gut», murmelte er, als er ihr die Post reichte. Verwundert schaute sie ihm nach. So kannte sie ihn gar nicht.

Rapp, Rapp, machte es wieder hinter ihm. Oh, wenn er doch erst dieses unheimliche Paket los wäre. Das Geräusch würde ihn noch bis in den Schlaf verfolgen. Im nächsten Haus wohnte sein Sangesbruder Ernst Kraft, seines Zeichens Schlachtermeister. Zu ihm ging er heute direkt nach hinten ins Schlachthaus und brachte ihm die Post.

«Karl, was ist mir dir?» fragte der ihn. «Du bist so blaß um die Nase.»

«Ach Ernst, ich habe da in meinem Gepäck etwas, das ist mir auf den Magen geschlagen.»

«Dagegen habe ich ein gutes Mittel. Hier, nimm mal 'nen Schluck.» Ernst reichte ihm eine Flasche Korn. Karl nahm einen tiefen Zug.

«Was hast du denn so Schreckliches dabei?»

«Wenn du schweigen kannst, will ich es dir verraten. Ich habe da ein Paket an Lenchen Kühn.»

«Na, was ist dabei? Warum soll die nicht auch mal ein Paket kriegen?»

«Ja, aber was meinst du, von wem das kommt?»

«Doch nicht etwa vom Kaiser von China?»

«Nicht doch, als Absender steht drauf: Heinrich Kühn, aus dem Himmelreich 7.»

Fassungslos starrte ihn der Schlachtermeister eine Weile an, dann griff er nach der Flasche und meinte: «Darauf müssen wir uns einen genehmigen!»

Nachdem er sich bedient hatte, reichte er die Flasche an den Postboten weiter. «Aber der liegt doch schon lange auf dem Friedhof», sagte er, als er sich mit dem Handrücken über den Mund fuhr.

«Eben», erwiderte der Postbote, «und es klappert im Paket, als ob er sämtliche Knochen aus dem Himmel zurückschickte.»

«Das ist ja unglaublich.» Karl schüttelte den Kopf, griff wieder zur Flasche und reichte sie weiter. «Was sage ich nur Lenchen?»

«Mein Gott, die wird einen tüchtigen Schreck bekommen.»

«Das befürchte ich auch, ich traue mich gar nicht hin. Aber Dienst ist Dienst...»

«...und Schnaps ist Schnaps», fuhr der Schlachtermeister fort. «Hier, stärke dich noch mal für den schweren Gang.» Er reichte Karl noch einmal die Flasche.

Der Postbote setzte seinen Dienst fort. Er schob jetzt sein Rad, denn es hatte zu schneien angefangen. Noch drei Häuser weiter, dann mußte er in die Straße einbiegen, in der die Witwe wohnte, die das Paket von ihrem verstorbenen Mann bekam. Karl Hampel atmete schwer. Sollte er heute ausnahmsweise mal seine Route ändern und sich erst zum Schluß die Gasse vornehmen? Aber was würden die Leute sagen, wenn er, der jahrein, jahraus pünktlich bei ihnen erschien, plötzlich seine Tour änderte? Er hatte sich sowieso schon zu lange bei Ernst aufgehalten. Vom nahen Kirchturm schlug es eben elf Uhr.

Da schoß es ihm durch den Kopf: Ich gehe erst ins Pfarrhaus und bitte den Pastor um geistlichen Beistand. Sofort wurde ihm leichter ums Herz.

Bim, bim, schepperte es im Pfarrhaus, als er draußen an der Glockenschnur zog. Einen Augenblick herrschte Stille, dann hörte man Schritte. Die Tür wurde von Frau Pastor geöffnet. Sie war wohl bei der Vorbereitung des Mittagessens und trocknete sich die Hände an der Schürze ab.

«Nanu, Herr Hampel, heute schon so früh?»

«Ja, ausnahmsweise», sagte er und trat einen Schritt auf sie zu. «Sie haben aber wieder ganz schön geladen», tadelte sie ihn, als sie den Alkohol roch. «Ach», erwiderte er treuherzig, «nur ein großes Paket heute.»

«Dann geben Sie mir mal unsere Post!» sagte sie und wollte ihm die Briefe aus der Hand nehmen.

«Nein, heute will ich sie Herrn Pastor selber bringen, ich muß ihn in einer dringenden Angelegenheit sprechen.»

Sie ging ihm voran den Flur entlang und klopfte an das Studierzimmer. Als von drinnen ein lautes «Herein» zu hören war, machte sie die Tür auf und ließ den Postboten eintreten.

«Guten Morgen, Herr Pastor!»

«Grüß Gott, Herr Hampel! Was bringen Sie mir Schönes?»

Der Briefträger reichte ihm die Post über den Schreibtisch.

«Und dann, Herr Pastor...» Karl Hampel druckste etwas herum... «Dann habe ich da noch ein Paket...»

«Nur her damit, wer weiß, wer mir da Gutes zum Fest schickt?»

«Nein, nein, bewahre, Gutes ist da bestimmt nicht drin.»

«Woher wissen Sie das denn? Sie haben doch nicht schon hineingeguckt?»

«Natürlich nicht, aber es klappert darin so komisch, wie ein Menschengerippe.»

«Mann, Hampel», lachte der Pastor los, «sind Sie so ängstlich? Bringen Sie es gleich herein!» Im stillen wunderte er sich über sein Pfarrkind.

«Das Paket ist ja gar nicht für Sie, Herr Pastor!»

«Nicht für mich? Ja, was machen Sie denn für ein Gedöns darum?» Der alte Pfarrer sah ihn verständnislos an. «Es kommt direkt aus dem Himmelreich, also schon für Sie und doch nicht für Sie!»

«Das verstehe einer», murmelte der Pastor.

«Ja, der Absender ist unser Heinrich Kühn, den Sie vor zwei Monaten beerdigt haben!»

«Aber, mein lieber Herr Hampel», entrüstete sich da der Pastor.

«Was ich Ihnen sage, der Absender heißt: Heinrich Kühn, Im Himmelreich 7.»

«Da hat sich wohl jemand einen üblen Scherz erlaubt», wetterte der alte Seelsorger los.

«Und nun muß ich das Paket zu seiner Witwe bringen, die fällt mir doch glatt in Ohnmacht.»

Der Pastor seufzte. «Ich guck mir das Paket mal an.»

Der Pastor beäugte das Paket von allen Seiten, rüttelte es sacht und hörte es darin klappern. «Hinbringen muß ich es ja, das ist meine Pflicht, Herr Pastor. Aber könnten Sie nicht mitkommen, als Beistand, weil es doch gewissermaßen himmlische Post ist?» kam es dem Briefträger über die Lippen.

Der Pastor überlegte kurz. Dann sagte er: «Nun gut.» Dem Postboten fiel ein Stein vom Herzen, nun brauchte er diesen schweren Gang nicht allein zu tun.

Die beiden stapften durch den immer höher werdenden Schnee los. Bei Lenchens Haus angekommen, öffnete die Witwe selber auf ihr Klingeln. Verwundert guckte sie auf die beiden Männer im Schneegestöber und sagte auf deren Gruß: «Guten Morgen, Herr Pastor! Guten Morgen, Karl! Gleich zwei Herren vor der Tür?»

«Frau Kühn», ergriff der Pastor das Wort. «Herr Hampel hat hier ein etwas seltsames Paket für Sie.» Bei diesen Worten stellte es der Postbote auf den Treppenabsatz.

«Ja, was ist damit?» wollte sie wissen.

«Als Absender steht Heinrich Kühn, Im Himmelreich 7 darauf», sagte der Pastor. «Da hat sich wohl jemand einen makabren Scherz erlaubt.»

«Und es klappert so verdächtig darin», ergänzte Karl Hampel.

Die Witwe sah von einem zum anderen und dann auf das Paket. Gleich darauf ging ein Lächeln über ihr Gesicht, und sie sagte: «Das hat schon seine Richtigkeit, meine Herren. Unser alter Onkel Heinrich wohnt tatsächlich in der Straße Im Himmelreich und hatte versprochen, für unseren Otto zu Weihnachten die alte Eisenbahn mit den Schienen zu schikken. Aber er ist schon tüdelig und hat wohl den Ortsnamen im Absender vergessen. Da wird sich unser kleiner Otto aber Heiligabend freuen.»

Der Pastor und Karl Hampel guckten sich verdutzt an.

«Ach, so verhält sich das», fand als erster der Pastor die Sprache wieder.

«Dann hat ja alles seine Richtigkeit», atmete Hampel erleichtert auf.

«Noch einen schönen Tag», verabschiedeten sich Pastor und Briefträger und kehrten um.

«Das nächste Mal tragen Sie bitte Ihre Pakete allein aus, Herr Hampel», sagte draußen der Pastor.

«Wenn's kein Paket aus dem Himmel ist», meinte der Postbote kleinlaut und verabschiedete sich von ihm.

Willi Fedler

Meine schönste Weihnacht

Nun war es wieder Dezember. Die dritte Kriegsweihnacht stand vor der Tür. Beklemmend legte sich das Gefühl der Trennung und des täglichen Todes auf die Menschen.

Ich war achtzehnjährig, im Sommer ein halbes Jahr im Reichsarbeitsdienst auf Sylt gewesen und hatte die dreimonatige Grundausbildung bei der schweren Flakartillerie in Oldenburg beendet. Als besonderes Geschenk gab es für die ehemaligen Rekruten drei Tage Weihnachtsurlaub, aber nur bis zu 100 km Entfernung.

Da mein Heimatort aber 130 km entfernt lag, sann ich nach einem Ausweg. Ich trug in mein Urlaubsgesuch den Ort Eystrup ein, der gerade 97 km weit weg lag. Von dort wollte ich die letzte Strecke mit einem irgendwo geliehenen Fahrrad zurücklegen.

Als dann die dienstliche Weihnachtsfeier in der Kaserne beendet war, ging ich in der Frühe des ersten Weihnachtstages zum Bahnhof.

Es war eine besondere Erwartung in mir, denn meine Eltern wußten nichts von diesem Wiedersehen.

Gegen 9 Uhr traf ich mit der Bahn in Eystrup ein und stieg in dem mir unbekannten Ort aus. Dort fand ich einen Fahrradhändler, der Verständnis zeigte und mir ein älteres Fahrrad auslieh.

Zur Sicherheit mußte ich ein Pfand hinterlegen. Da ich wenig Bargeld bei mir hatte, gab ich mein Seitengewehr. Entgegen den Vorschriften, bei Strafe verboten. Voll Freude radelte ich in den kalten Wintermorgen durch verschiedene Dörfer meinem Heimatdorf entgegen. Gegen 11.30 Uhr traf ich meinen Vater auf der Landstraße. Er war zu Fuß vom Weihnachtsgottesdienst im Nachbarort unterwegs. Nun kam bald der große Augenblick des Wiedersehens zu Hause.

Meine Mutter konnte es nicht fassen, daß ich mit dem Vater zusammen vor ihr stand. Sie hatte nach altem Brauch den Braten vom selbstgeschlachteten Schwein vorbereitet, der infolge des Krieges kleiner ausgefallen war als sonst. Es begann eine segensreiche Mahlzeit mit langem Erzählen. Auch der übliche Zuckerkuchen mundete am Nachmittag besonders gut.

Nach einer friedlichen Nacht – auch die englischen Aufklärungsflieger warfen keine Flugblätter – nahte am zweiten Weihnachtstag der Abschied. Schmerzlich, doch der Pflicht gehorchend, verließ ich gleich nach dem Mittag mein Elternhaus. Bis 24.00 Uhr hatte ich in der Kaserne zu sein.

Die Sonne stand am frostklaren Winterhimmel, als ich auf dem Fahrrad zurück gen Eystrup fuhr. Doch welch ein Schreck, der Inhaber des Fahrradgeschäftes war nicht zu Hause. Angstvoll fuhr ich durch die Straßen des Ortes. Ich wußte nicht, wie ich mein Pfand, das Seitengewehr, wiederbekommen sollte.

Plötzlich sah ich ihn mit seiner Frau auf dem Bürgersteig. Sie waren unterwegs zu Verwandten, zum Weihnachtskaffee. Welch eine Erleichterung durchfuhr mein Herz!

Wäre ich ohne Seitengewehr zurück in die Kaserne gekommen, ich hätte viele Tage Arrest zu erwarten gehabt, und noch mehr, wenn mein Trick herausgekommen wäre. Alles hatte ich in Kauf genommen, um zu Weihnachten, dem Fest der Familie und der Kindheitserinnerungen, daheim zu sein.

Beruhigt stieg ich in den Eilzug, der mich noch rechtzeitig zurück nach Oldenburg in die Kaserne brachte.

Der grausame Krieg hatte sich nach Rußland ausgeweitet, wo der eisige Winter viele Soldaten mit Erfrierungen, besonders an den Füßen, heimsuchte.

Keiner wußte, daß noch drei Kriegsweihnachten folgen sollten, an deren Ende der totale Zusammenbruch des Hitler-Reiches stand. Ich selbst bin, von Schäden an Leib und Seele bewahrt, durch die Wirren dieser Zeit gegangen.

Nach dreieinhalb Jahren Kriegsgefangenschaft in England konnte ich 1948 in mein Heimatdorf zurückkehren, das Hunderte von Heimatvertriebenen aus dem Osten aufgenommen hatte.

Ingeborg Fuhrmann

Valentina wie Vogel-V

Die Nacht brach früh herein. Der alte Mann, der am Kamin saß und nachdenklich in die kleiner werdenden Flammen blickte, konnte kaum noch die Konturen der Gegenstände um sich herum erkennen. Die große Standuhr in der Ecke holte tief aus und schlug dann fünfmal. Die lauten Schläge weckten Johann Johannsen aus seinen Grübeleien. Er stand mühsam auf und weckte dadurch seinen Hund, der eben noch schnarchend an ihn gekuschelt tief geschlafen hatte und ihn nun sofort hellwach mit erwartungsvollem Blick ansah und wedelte. «Nein, kein Spaziergang, mein Guter, heute nicht mehr. Aber es wird Zeit, in die Kirche zu gehen. Der Heiligabend ist da.»

Heiligabend, dachte der alte Mann bitter, und er war ganz allein. Letztes Jahr hatte in dem zweiten Sessel am Feuer noch seine Frau gesessen, ein großer Baum stand überreich geschmückt im Zimmer, und die Kinder und Enkel warteten gespannt auf die Bescherung. Doch im Frühjahr war dann plötzlich seine Frau gestorben, und die Kinder wollten dieses Weihnachten in die Berge zum Skifahren. Urlaub machen, so eine abwegige Idee, nie wäre es dem alten Bauern Johann Johannsen in den Sinn gekommen, seinen Hof zu verlassen, um zu verreisen. Und so war er allein zurückgeblieben, mit dem Hund und den Hofkatzen als einzigen Hausgenossen. Aber immerhin, in den Gottesdienst wollte er doch gehen, wenn auch der neue Pfarrer nicht ganz nach seinem Geschmack war. Vor kurzem hatte er doch tatsächlich in seiner Predigt gesagt, die Asylanten seien die Ausgestoßenen, um die Jesus sich heute kümmern würde. Was wollen die vielen Fremden bei uns, hörte er einen Gottesdienstbesucher leise murren, und das dachte auch der alte Johannsen. Wo sollte das noch hinführen, diese dunkelhaarigen Fremden paßten nicht in das norddeutsche Grashude, wo es ihnen doch viel zu kalt war. Und so hatte der alte Bauer empört einen Vorschlag des Kirchenvorstandes zurückgewiesen, das große Grundstück hinter seinen Weiden als Bauland auszuweisen, um dort Wohnungen für Asylanten zu bauen. Nein, wenn dort schon gebaut werden sollte, dann ein großes Hotel, um endlich Grashude ein wenig auf die Sprünge zu helfen. Im Tourismus liegt die Zukunft. Das hatte er auch dem Kirchenvorstand unmißverständlich zu verstehen gegeben, der daraufhin enttäuscht abzog. Geschah ihnen recht, hinter dieser Idee steckte doch auch wieder der Pfarrer mit seiner merkwürdigen Auslegung der Bibel. Johann Johannsen öffnete die schwere Hoftür und trat auf den weitläufigen Vorplatz. Nebel lag über dem Land und ließ seine Weite nur erahnen. Weder Mond noch Sterne ließen sich blicken, es war naßkalt und ungemütlich. Was für eine Heilige Nacht!

Niedergedrückt ging er die menschenleere Dorfstraße entlang. Aus manchen Häusern fiel warmer Kerzenschein auf die Straße. Dort saßen Familien um den Weihnachtsbaum, nur er war allein. Die kleine Dorfkirche war bis auf den letzten Platz gefüllt, der große Weihnachtsbaum strahlte Helligkeit und Wärme aus, die Stimmung der vielen Menschen war froh und erwartungsvoll. Johann Johannsen sang die altvertrauten Lieder, Tochter Zion, freue dich, und von der gnadenbringenden Weihnachtszeit, aber sein Herz wurde nicht weit. Um den vielen Grüßen und mitleidigen Fragen nach seinem Befinden zu entgehen – in Grashude kannte man sich untereinander –, verließ er als einer der ersten die Kirche. Auf der untersten Stufe der Kirchentreppe stand ein kleines Mädchen, das sehnsüchtig in die Kirche hineinspähte. Sie war mager und dunkelhaarig und trug ein viel zu dünnes schäbiges Mäntelchen. Mit ihren großen ausdrucksvollen Augen sah sie den alten Bauern plötzlich an, unverwandt und voller Ernst.

Das ist eins von diesen Flüchtlingskindern, dachte er, und unwillkürlich fiel ihm ein Satz des Pfarrers ein, der in seiner Weihnachtspredigt die Frage gestellt hatte: Würden wir heute das Jesuskind bei uns aufnehmen, ihm einen Raum, eine Herberge geben?

Aus einer plötzlichen Eingebung heraus, die er sich selbst nicht erklären konnte, ging Johannsen auf das Kind zu und fragte: «Wie heißt du denn, min Deern?» – «Valentina mit Vogel-V», antwortete die Kleine artig, wie sie es wohl in der Schule gelernt hatte. Der alte Bauer konnte mit dieser Erklärung nicht viel anfangen, die Schulzeit lag schon so weit zurück, aber er hatte immerhin ihren Namen verstanden. Sie hatte selbst etwas von einem kleinen Vogel an sich, wie sie so vor ihm stand und fror. «Das ist doch hier viel zu kalt für dich, ich bringe dich besser nach Hause», sagte er und nahm ihre kleine kalte Hand in seine große warme Männerhand.

Zusammen gingen sie den Weg zur alten Dorfschule, die nicht mehr gebraucht wurde, seitdem ein Neubau ihre Funktion übernommen hatte. Dort waren seit kurzem drei Familien aus Jugoslawien untergebracht, mehr schlecht als recht, aber sie hatten immerhin ein Dach über dem Kopf. Valentina öffnete die Schultür und gab ihm ein Zeichen, mit hineinzukommen. Sein erster Gedanke war: «Was soll ich hier?» Aber ehe er umkehren konnte, hatte ihn einer der Bewohner entdeckt. «Bitte eintreten», sagte er mit freundlichem Lächeln und öffnete eine Flurtür. Die ehemaligen Schulräume waren nicht wiederzuerkennen. Überall standen Betten, immer zwei übereinander, ein Schrank, ein Tisch, ein paar Stühle und viele Menschen, die sich lautstark unterhielten. Bevor Johannsen Einzelheiten unterscheiden konnte, wurde ihm ein Stuhl angeboten, eine Frau brachte ihm eine Tasse Tee, und alle schienen sich über seinen unerwarteten Besuch zu freuen.

Valentina erzählte den anderen offensichtlich von ihrer Begegnung an der Kirchentür, denn alle sahen ihn freundlich an, die kleinen Kinder umdrängten ihn. Der Mann, der ihn hereingebeten hatte, sprach schon recht gut deutsch, und so erfuhr der alte Johannsen von dem Schicksal der Fremden. Nach einer Weile sah er sich um, der karge Raum, nur mit dem Notwendigsten ausgestattet, eine Notunterkunft, und doch fühlte er sich hier wohler als in seinem gemütlichen Wohnzimmer oder in der geschmückten Kirche.

Die Flüchtlinge luden ihren Gast zum Abendessen ein, und die Stunden des Heiligen Abends verflogen im Nu. Müde und froh brach Johannsen endlich lange nach Mitternacht auf, um nach Hause zu gehen. Er mußte Valentina versprechen, bald wiederzukommen. Als er ging, standen alle Bewohner der alten Schule an der Tür und winkten. Auf dem Heimweg dachte Johannsen nach. Er war nicht mehr einsam, er hatte an diesem Weihnachtsabend doch noch ein Geschenk bekommen – Gastfreundschaft. Ich werde nach den Feiertagen die Sache mit dem Grundstück noch einmal mit dem Kirchenvorstand besprechen, ein Hotel paßt gar nicht zu Grashude, dachte er, als er sein Haus erreicht hatte. Er schloß die Tür auf und ging, freudig begrüßt von seinem Hund, langsam die Treppe zum Schlafzimmer hinauf. «Komm, mein Alter, wir wollen schlafen gehen», sagte er zu dem Hund.

Als nach kurzer Zeit das Licht erlosch, lag das alte Haus mit seinen Bewohnern wieder ruhig unter dem hohen Winterhimmel.

Gerda Himstedt

Jana und der Nikolaus

Jana ist dreieinhalb Jahre alt und ein liebenswürdiges Temperamentsbündel. Niemand sieht ihr das Temperament so ohne weiteres an, denn sie ist ein ausgesprochen zartes Kind mit langen blonden Haaren und großen blauen Strahleaugen.

Ausgestattet ist sie mit einer verblüffend guten Beobachtungsgabe und mit einem bemerkenswert standhaften Charakter, um den sie jeder Erwachsene beneiden könnte.

Ist sie einmal ungehalten, was durchaus vorkommt, dann gipfelt ihr ganzer Zorn in dem schlimmsten Ausdruck, den sie kennt, in einem energischen: «Du Dumme!» oder: «Du Dummer!» Wobei die Ds stark betont werden. Anschließend läuft sie in ihr Zimmer, knallt die Tür zu, daß die Fenster klirren, und läßt sich mindestens fünf Minuten lang nicht wieder blicken.

Zu diesem zauberhaften Zwerg soll zum erstenmal der Nikolaus kommen. Jana kennt ihn längst aus ihren Bilderbüchern, vom Erzählen und vom Fernsehen natürlich. Sie ist recht gelassen und sieht seinem Erscheinen eher übersättigt entgegen.

Aber die Familie!

Eltern, Großeltern, Urgroßmutter, Onkel und Tanten können es vor Spannung kaum noch aushalten, sehen alle Augenblicke zur Uhr und erwarten ungeduldig die Dunkelheit. Weil sie alle in den Genuß dieses Schauspiels kommen sollen, sind die Eltern mit dem Kind extra aus dem hohen Norden in ihre alte Heimat nach Süddeutschland gereist.

Ein jugendlicher Onkel wird also am späten Nachmittag im Keller als Nikolaus hergerichtet. Er ist deshalb dazu überredet worden, um Jana gewissermaßen von höherer Warte zu veranlassen, sich nicht jede Nacht in den Betten der Eltern zu tummeln und sie am Schlafen zu hindern.

Der Onkel, der zur Zeit beim Bund ist und glücklicherweise Urlaub hat, mißt hundertfünfundneunzig Zentimeter und ist sehr schlank. Man könnte ihn auch, ohne zu übertreiben, als einen dünnen Strich in der Landschaft bezeichnen. Und er hat Schuhgröße fünfundvierzig.

Beginnen wir mit seiner Ausstaffierung an den Füßen. Die Militärstiefel darf er anbehalten, und um die Waden werden dunkelgraue Gamaschen gewickelt. Vor den Bauch wird ihm ein dickes Federkissen gebunden, damit er ein stattlicheres Aussehen erhält. Darüber folgt ein langer roter Mantel, und über diesem zurrt man eine weiße Kordel fest um seine Taille. Der arme Kerl sieht aus, als würde er demnächst mit Fünflingen niederkommen.

Die Nikolausmaske mit dem langen weißen Bart wird ihm übers Gesicht gestülpt und eine rote Pudelmütze über die Ohren gezogen. Zum guten Schluß hängt man ihm den Sack mit den Geschenken über die Schulter und gibt ihm eine Rute in die Hand.

Janas Mutter hat ihm außerdem ein Schreibheft in eine dicke lederne Buchhülle gelegt, in dem Janas Taten und ihre kleinen Untaten aufgeschrieben sind. Denn der Onkel ist wegen seiner momentanen Arbeitsstätte über das Treiben der munteren Nichte nicht ganz auf dem laufenden.

Nun sitzen alle Familienmitglieder im Wohnzimmer, und die Urgroßmutter verspricht Jana: Jetzt kommt gleich der Nikolaus.

Da bummert es auch schon an die Tür, und mit einem tiefen «Ho, Ho, Ho» tritt der gute Mann auf den Schauplatz der Ereignisse.

Mit hochgezogenen Augenbrauen blickt Jana auf die näherkommende Gestalt, springt vom Sessel auf und verschwindet unter dem Couchtisch. Der Familienhund rast laut bellend mit gesträubtem Fell und am ganzen Körper zitternd aus der Tür, den Korridor entlang zum Schlafzimmer, und kriecht unter die Betten. Dort bleibt er, bis der Nikolaus gegangen ist. Und wenn es im Haus ganz still gewesen wäre, dann hätte man sicher hören können, wie seine Knochen klapperten.

Furchtlos und aufmerksam mustert Jana die seltsame Erscheinung aus der Distanz. Kommt nämlich etwas Neues auf sie zu, so zieht sie sich stets an den Rand des Geschehens zurück, um erst herauszufinden, ob ihr das Neue auch behagt.

Nun hatte sich der Onkel die Verständigung mit seiner kleinen Nichte nicht so schwierig gedacht. Weil sie aber nicht gewillt schien, den Platz unterm Tisch zu verlassen, kam eine recht einseitige Kommunikation von hoch oben nach schräg unten zustande.

«Bist du ein braves Mädchen?» will der Nikolaus wissen. Jana schweigt.

«Hm, so will ich hier in meinem dicken Buch nachsehen, was über dich aufgeschrieben steht.»

«Ich bin aber gar nicht von hier», protestiert Jana vorbeugend. «Ich wohne in Hamburg.» Der Nikolaus soll nur gleich wissen, daß sie aus diesem Grund logischerweise hier in Heidelberg überhaupt nicht unartig gewesen sein kann.

Nach kurzer Sammlung konzentriert sich der Onkel wieder auf seine erzieherische Arbeit.

«Ja so was! Ich lese, du tust nicht immer das, was deine Eltern von dir erwarten. Vor allem aber schläfst du nachts niemals in deinem Zimmer, sondern jede Nacht bei Papi und Mami.» Jana blickt gelangweilt an die Zimmerdecke.

Bei soviel Desinteresse ist der Nikolaus leicht irritiert.

«Willst du mir versprechen, von jetzt an immer in deinem Bett zu schlafen?» fragt er dringlich.

Jana preßt die Lippen zu einem schmalen Strich zusammen und starrt ihm herausfordernd ins Gesicht.

Der Onkel wird immer nervöser. Er hat das Kind seit zwei Jahren nur als unermüdliches Plappermäulchen erlebt. Ihm bleibt nichts übrig, als sich weiter an das Buch zu halten.

«Ich lese», sagt er seufzend, «du hilfst deiner Mami beim

Abtrocknen. Du gehst auch gern zum Spielplatz und du ärgerst die anderen Kinder nicht mehr so doll wie früher. Auch deine Spielsachen räumst du meistens auf. Und sogar das hübsche Lied ‹Schneeflöckchen, Weißröckchen, wie kommst du geschneit›, hast du extra für mich gelernt. Magst du es mir vorsingen?»

Bereitwillig singt Jana los: «Alle meine Entchen schwimmen auf dem See...»

Der Nikolaus wirkt jetzt richtig erschöpft, und kleine Schweißperlen rollen ihm von der Stirn.

«Für so ein artiges Kind», murmelt er mühsam, «habe ich auch viele schöne Geschenke in meinem Sack», und er schüttet die festlich verpackten Gaben auf den Teppich, froh, den Auftrag hinter sich zu haben.

«Oh, solches Geschenkpapier haben wir auch», jubelt das Kind und krabbelt eilig hervor. Brav gibt Jana dem großen Nikolaus das kleine Händchen, und beiden merkt man die Erleichterung über den Abschied an.

Die Rute übergibt der Nikolaus dem Vater, damit er sie, falls nötig, bei seiner Tochter anwendet. Sie, die noch niemals geschlagen wurde, betrachtet sie verständnislos.

Die Familie ist nun wieder unter sich, und jeder will haargenau wissen, wie Jana den Nikolaus findet.

Es stellt sich sofort heraus, daß er für sie ein ganzer Reinfall war. Sie findet ihn ausgesprochen häßlich, dumm und völlig überflüssig.

«Diese schrecklich großen Füße! Und der dicke Bauch! Wie ist er bloß häßlich! Und von wegen dickes Buch! Ein ganz dünnes Schreibheft war das!»

Nein, besten Dank, zu ihr braucht er nicht mehr zu kommen. Ihr wird zu bedenken gegeben, daß sie dann auch keine Geschenke vom Nikolaus bekommt. «Die brauche ich nicht», meint sie lakonisch, «ich habe genug Spielzeug.»

Die Mutter erinnert sie noch an ihr Versprechen, von nun an im eigenen Bett zu schlafen. Jana sieht sie erstaunt an. «Ich habe nichts gesagt», antwortet sie empört und wahrheitsgemäß.

Und somit sind alle Hoffnungen auf einen ungestörten Elternschlaf auf Jahre hinaus hinfällig geworden.

Wolfgang J. Hochhaus

Eine wundersame Begebenheit in Litauen zur Weihnachtszeit

Diese Geschichte schreibe ich in Erinnerung an Litauer, die in schwerer Zeit auch in den Deutschen – trotz allem was geschehen – die Schwester, den Bruder sahen und halfen.

Im zweiten Friedensjahr – 1946 – lebte ich als Fünfzehnjähriger mit anderen Landsleuten, ständig zwischen Tod und Leben schwebend, in meiner verwüsteten Heimatstadt Königsberg, die nun Kaliningrad hieß und mir fremd geworden war. Zwar regte sich neues Leben in den Trümmern, leider aber russisches. Uns Deutsche verdrängte man an den Stadtrand, ohne für einen geregelten Lebensunterhalt zu sorgen.

Es war Dezember. Nach dem Kalender Adventszeit, wovon Frost und Schnee zeugten. Die grimmige Kälte jedoch sowie der ständig nagende Hunger diktierten unser ganzes Tun und Lassen, und Rührseligkeit konnte so erst gar nicht aufkommen.

Unter meinen Leidensgefährten verbreitete sich das Gerücht, daß die Bauern in Litauen sich im allgemeinen freundlich und hilfsbereit gegen uns verhielten. Diese vage Aussicht erschien mir als eine Chance, zu überleben. Zusammen mit einem Altersgenossen brachen wir auf. Leichter gesagt als getan. Doch es glückte uns, auf einen ostwärts rollenden Zug aufzuspringen. Schutz vor den Wachposten sowie der Kälte bot ein Bremserhäuschen. In dieser Bude saßen wir beide zusammengekauert und zitterten wie Espenlaub. Gar nicht weit weg, jenseits der Memel, lag Litauen, das war mir bekannt.

Nach Stunden endlich polterte und rasselte der Zug über eine Brücke, unter uns lag die vereiste Memel. «Zogen einst fünf wilde Schwäne...», dieses Lied kam mir unwillkürlich in den Sinn. Später, irgendwo, irgendwann hielt der Zug auf freier Strecke. Die Gelegenheit zum Absprung! Stockbeinig und frierend wateten wir mühsam durch tiefen Schnee und erreichten eine Chaussee. Auf ihr ging es leichter voran. Ein Waldstück nahm uns auf und bot angenehmen Schutz vor dem eisigen Wind. Während wir so hintereinander dahintrotteten, näherten sich von hinten Motorgeräusche. Ein Militärlastwagen fuhr vorbei, blieb aber plötzlich stehen. Vorsicht! signalisierten all meine Sinne, aber ich ging, mit einem unguten Gefühl im Nacken, weiter.

«Stoi, Idissuda! Dawai, dawai!» Diese gutturalen Laute, die immer wieder beängstigend drohend klangen, waren mir aus schlimmer Erfahrung zur Genüge bekannt. Sie hören und fliehen war eins! Über Buschwerk hinweg, durch Schneewehen hindurch hastete ich in den Wald hinein, stolperte unter Bäumen weiter, blieb dann nach einer Weile erschöpft und keuchend stehen. Mein Gefährte war mir nicht gefolgt! Vielleicht in eine andere Richtung davongelaufen? Nach einer Verschnaufpause pirschte ich mich zurück zur Chaussee. Nichts! Keine Spur von meinem Begleiter.

Inzwischen dämmerte es. Was blieb mir anderes übrig, als allein weiterzuziehen. Schleppender wurde der Schritt und schwerer die Glieder. Die Lauferei hatte mich erschöpft, kein Wunder bei meiner Unterernährung! Um ein wenig auszuruhen, setzte ich mich unter einen Chausseebaum auf einen halbwegs schneefreien Platz. Mit dem Rücken am Stamm lehnend, zusammengekauert und frierend wie ein Schneider hockte ich da. Leichter Schneefall setzte ein. Die Stille, die sanft schwebenden Schneeflocken und meine Mattheit ließen mich beschwingt in eine lichte, strahlende Traumwelt gleiten. Angenehme Wärme umfloß unverhofft meine Gliedmaßen, und gelöst streckte ich alle viere von mir.

Jedoch – eine Kleinigkeit störte hartnäckig meine Glückseligkeit. Irgend etwas geschah mit meiner Nase und nervte mich. Auch verspürte ich mehr und mehr eine merkwürdige Beengtheit an Händen und Füßen, wie gefesselt. Begleitet wurde diese eigentümliche Unbeweglichkeit von einem deutlich vernehmbaren surrenden, gleitenden Geräusch unter mir, dazu ein rhythmisches Stapfen, und über allem der hohe, scheppernde Klang einer Glocke. In meinem Kopf kreiste einiges, allerdings gedämpft wie durch Watte. Jemand fummelte ständig an meiner Nase herum. Ich blinzelte in die mondbeschienene Gegend. Langsam dämmerte es mir. Ich lag auf einem Bauernschlitten, eingehüllt in Stroh. Mein Kopf ruhte im Schoß einer Frau, meine Hände steckten in ihren Ärmeln, und mit einer Hand massierte sie meine Nase. Eine weitere Frau hatte meine Füße unter ihrem Pelz geborgen. Was ist los? fragte ich mich, und dann fiel mir schließlich mein Baumplatz ein. Klar! Eingeschlafen! Ich schreckte hoch, doch gab man mir durch beschwichtigend klingende, aber unverständliche Worte und Gesten zu verstehen, ruhig zu sein. Meinen Zustand empfand ich in der Obhut der beiden als sehr behaglich und blieb liegen, bis wir einen Bauernhof erreichten. Dort gab es erst mal ein aufgeregtes, mir unverständliches Palaver. Aber da war auch Hans Endrulat, ein älterer Mann. Er floh, das hörte ich von ihm am nächsten Tag, aus russischer Gefangenschaft und stammte aus Rossitten. Über die Kurische Nehrung wollte er sich dorthin durchschlagen, doch allgegenwärtiges Militär ließ es ihm ratsam erscheinen, fürs erste hier in Gordoma beim Bauern Draugas zu bleiben und als Knecht zu arbeiten. Mittlerweile sprach er leidlich Litauisch.

Von Hans erfuhr ich nun, was die Frauen so erregte. «Da kannst deinem Herrgottche danken oder auch dem Max, un-

serm Pferdchen. Der scheute foorts vor so 'nem halbver-
stiemten Pungel aufer Chaussee. Mang dem Schnee haben
die Frauen dann dich Lorbaßchen entdeckt, am Kreppschull
gegrapscht und aufn Schlitten gepackt. Wärst amend glatt
erfroren. Die Tuntel war schon ganz weiß, sagt die Frau!»

Nun sollte ich erst mal bleiben, und man legte in die Kam-
mer von Hans einen zweiten Strohsack.

Am folgenden Tag – Heiligabend – streifte ich neugierig
durch das Haus. Es herrschte weihnachtliche Stimmung, von
der Dielendecke hing ein geschmückter Adventskranz, und
auf dem Tisch stand ein duftender Tannenstrauß, behängt
mit Lametta. Über allen Gerüchen schwebte der Duft von
frisch gebackenem Brot. Man gab mir ein Stück Flamfladen,
dick mit Zucker bestreut. Die Bauersleute behandelten mich
freundlich, und dankbar packte ich hier und da helfend zu.
Inzwischen brachte der Bauer gemeinsam mit Hans eine
Tanne aus dem Wald und stellte sie zum Abtauen an den Küchenherd. Später haben wir sie in der Diele aufgestellt, geschmückt und mit bunten Wachskerzen besteckt, so, wie von
daheim bekannt. Trotzdem mutete mich alles unwirklich an,
war es doch lange her, daß meine Augen einen Weihnachtsbaum gesehen hatten. Was war inzwischen nicht alles geschehen! Von der friedlichen Stimmung wurde mein Gemüt er-
griffen, und ich genoß, ja, man kann wohl sagen, mein
wiedergewonnenes Leben.

Gegen Abend fuhr die Familie im Schlitten, in Pelze ver-
mummt, in die Kirche. Nach dem Kirchgang sollte Hans
mich in die Diele mitbringen. So geschah es. Feierlich her-
ausgeputzt erschienen die Familienangehörigen. Die Frauen
trugen lange, gebauschte, mit grünen und violetten Längs-
streifen versehene gewebte Röcke, dazu ein schwarzes Mieder
und darunter eine bunt bestickte weiße Bluse. Eine mit Loch-
stickerei versehene Schürze zierte die Tracht. Der Bauer klei-
dete sich weniger bunt, hatte einen schwarzen Anzug an, eine
farbige Weste, und in blanken, schwarzen langschäftigen

Stiefeln steckte die Hose. Unsere Garderobe wirkte wahrhaftig nicht festlich, doch unsere Stimmung war trotzdem feierlich.

Wir durften die Kerzen anzünden. Als die Lichter erstrahlten, sprach der Hausherr ein Gebet. Alle hatten die Hände gefaltet, und gemeinsam erklang das Amen, was auch ich verstand. Die Bauersleute sangen einen Text aus ihrem Gesangbuch und bekreuzigten sich anschließend. Dann gab es Umarmungen, Küsse auf die Wangen, händeschüttelnd Glückwünsche, und wir beide wurden davon nicht ausgenommen. Alles lief so natürlich herzlich ab, daß es mich rührte. Mitfühlend tätschelte mir die Bauersfrau die Wange und drückte auch mir ein Päckchen in die Hand. Es waren wollene Fausthandschuhe! Noch heute, nach mehr als vierzig Jahren, besitze ich sie. Jede Weihnacht liegen sie auf dem Gabentisch und erinnern an Menschen, die in einer chaotischen und gnadenlosen Zeit christlich fühlten und handelten!

Doch das allergrößte Geschenk war, daß man mich aufforderte zu bleiben, bis die Sonne wieder wärmer schien. Inzwischen sollte ich im Hause arbeiten. Es gab keinen eifrigeren Hausburschen als mich.

Bleibt als erwähnenswert nachzutragen, daß ich Jahrzehnte später auf einem Heimattreffen zufällig meinen ‹verlorengegangenen› Gefährten traf. Meine damalige Angst war in dem Fall ganz unbegründet. Die Russen wollten nur gefällig sein und uns bis zum nächsten Dorf mitnehmen. So spielt das Leben!

Ursula Kluge

Die Bescherung

Es war in der Vorweihnachtszeit Mitte der sechziger Jahre. Mutter und ich hatten in den langen Notjahren gelernt, mit dem auszukommen, was wir hatten. Wir lebten bescheiden, fühlten uns aber wie Könige im eigenen Heim.

Weihnachten kam näher, und ich machte mir Gedanken, was ich meiner Mutter zum Fest schenken könnte. Es wurde von Jahr zu Jahr schwieriger, denn mit zunehmendem Alter hörten die Wünsche meiner Mutter nach persönlichen und materiellen Dingen auf. Und in diesem Jahr war mir überhaupt noch keine Idee gekommen, womit ich ihr eine Freude bereiten könnte.

Wahrscheinlich hatte meine Mutter mit einem Geschenk für mich ähnliche Probleme, denn eines Abends legte sie den lokalen Anzeiger vom letzten Donnerstag auf den Tisch und zeigte auf eine Reklame unseres hiesigen Haushaltswarengeschäftes.

Sonderangebot!
Teflonbeschichtete Bratpfannen zum einmaligen
Sonderpreis von DM soundsoviel!

Sie sagte: «Ich dachte, das wäre etwas für dich zu Weihnachten. Aber als ich am Sonnabend zum Markt ins Dorf kam, waren die Pfannen schon ausverkauft. Schade.» Ja, das war schade. –

Es war schon nahe an Weihnachten, als mir in der neuesten Anzeiger-Ausgabe die gleiche Reklame auffiel. Die Pfanne war wieder abgebildet, der Preis war der gleiche, und oben drüber stand: *Wir sind wieder da!* Das war ja toll! Ich legte die Zeitung heimlich weg und ging zum nächst möglichen Termin ins Dorf. Tatsächlich bekam ich die letzte Sonderangebot-Bratpfanne! Sie wurde aus dem Schaufenster hereingeholt. Der Karton war schon nicht mehr vorhanden, aber die Pfanne wurde mir fein in weihnachtliches Geschenkpapier eingewickelt. Nun konnte das Fest kommen!

Wer wem die Pfanne schenkte, erschien mir egal. Die Hauptsache war, wir beide waren von der Nützlichkeit der Pfanne überzeugt. Und ich fand es beruhigend zu wissen, daß meine Mutter in dieser Woche nicht zum Einholen im Dorf gewesen war. Das würde eine Überraschung geben!

Am Heiligen Abend war es warm und gemütlich bei uns. Das Zimmer war geschmückt, die Tannenbaumkerzen brannten, und nun sollte beschert werden. Ich ging, um die bereitgelegten Geschenke für meine Mutter hereinzuholen. Inzwischen hatte Mutter die Geschenke für mich aus ihren Verstecken auch beisammen. Sie hielt die Päckchen in den Händen und drehte sich gerade zu mir herum, als ich zur Zimmertür hereinkam.

Da gab es die Überraschung! Mutter fing plötzlich an zu lachen. Und lachte!! Ich wußte nicht, warum sie lachte. Sie prustete vor Lachen und zeigte, weil sie nicht sprechen konnte, auf ihr größtes Paket. Es hatte das gleiche Geschenkpapier wie meine lose eingewickelte Bratpfanne. Lachen steckt an, und ich lachte mit, denn jetzt wurde mir klar, daß in Mutters Paket auch eine Bratpfanne stecken mußte.

Mutter hatte daran, wie ich die Pfanne hereinbrachte – natürlich am Stiel haltend, wie man Bratpfannen trägt –, sofort ihr Geschenk erraten. Wir haben immer wieder lachen müssen an diesem Abend und auch später noch oft, wenn wir uns an dieses Weihnachtsfest erinnerten: «Weißt du noch damals, als wir uns beide gegenseitig die gleiche Bratpfanne bescherten?»

Und es geschah...

Die schönsten Weihnachten hatte es immer früher gegeben. Sollte es eine schöne Geschichte werden, mußte man sich an das Frühere halten. Es lag weit zurück, lag in der Kindheit und in den Jahren des Fahrens, des Umherschweifens. Das Frühere war Pommern, der Krieg, die Vertreibung, Bad Frankenhausen, die Lüneburger Heide. Das Frühere waren die Eltern und die vielen Geschwister, mit denen man immer alles teilen mußte. Alles wurde geteilt, so daß sich das Mädchen im geheimen etwas vorenthalten mußte, um nicht ganz leer auszugehen. Was ihr blieb, waren die ungeteilten Erinnerungen. Manchmal braucht es sehr lange, bis ein Mensch reich genug ist, um das Eigenste seiner Kindheit recht großzügig zu teilen. Mitzuteilen. Jenen mitzuteilen, die nicht kommen und recht behalten wollen, weil in Wirklichkeit – in ihrer Wirklichkeit – alles ganz anders gewesen sei. Sie würden bestimmt bestreiten, daß da einmal ein Weihnachtsmann war, der die Kinder im Lager auf der Flucht am Weihnachtstag mit einem Pfefferkuchen beschenkte. Und daß dieser Weihnachtsmann zu jedem Weihnachtsfest wiederkehrt, wie er da wie der liebe Gott einherkommt und aus einem Sack oder aus einer Tüte oder einer Tasche Pfefferkuchen an die Kinder verteilt, daß sie aufhören zu jammern, sie hätten solchen Hunger. Die Geschwister, die dabei waren, würden sich vielleicht noch an die Mohnschüttchen im Barbarossagarten erinnern und wie sie danach, dicht aneinandergedrängt, durch die klirrende weiße Kälte, durch die mittelalterliche Stadt am Kyffhäuserberg gingen und berieten, was sie den Eltern schenken wollten.

Dann kam Heiligabend, und nach dem Singen und Beten sollte die Bescherung sein. Es klopfte an der Haustür. Herein! wurde gerufen. Ein Mann im schäbig roten Mantel, mit

Mütze und Maske und Rute, fragte, ob wir auch artig gewesen seien. Der große Bruder antwortete für alle, wir Jüngeren stießen uns in die Seite, das polterige Berlinisch kannten wir nur zu gut, taten aber so, als fürchteten wir uns. Mit dem Sack gab es Schwierigkeiten. Wir kicherten, er drohte mit der Rute. So ganz nüchtern war der auch nicht mehr. Mir wurde mulmig, weil es immer etwas gab, was ich ausgefressen hatte. Eine eingeworfene Scheibe, ein stibitztes Zuckerstück, eine Notlüge, mein Sündenkonto konnte sich sehen lassen, was hatte ich zu erwarten?

Es dauerte eine Weile, bis die fünfte an der Reihe war. Dann hielt der Weihnachtsmann plötzlich eine wunderschöne Puppe in die Höhe. Auf dem Zettel, der daran geheftet war, stand, daß sie für mich bestimmt sei. Ausgerechnet für mich. Sie kam von dem jungen Mädchen, das neben dem Uhrturm ihr kleines Zimmer hatte. Manchmal, wenn wir genug gespielt hatten, nahm sie das Flüchtlingskind mit sich die engen dunklen Stiegen hinauf, um ihr Märchen und Geschichten vorzulesen. Steckte wohl auch der ewig Hungrigen etwas zu. Vor der wunderschönen Puppe mit den schwarzen, glatten Haaren und schwarzen Wimpern über den blauen Augen hatte ich wohl bewundernd gestanden, sie für eine verzauberte Fee gehalten.

Das könne nicht angehen, sagte Dorothea, die große Schwester, es müsse ein Irrtum sein. Ich risse den Puppen doch immer nur die Arme und Beine aus. Die anderen sollten nur an Pommern denken, wo sie sie immer aus dem Dreck auflesen mußte. Eine solche Puppe stände nur ihr zu. Und sie heulte und sagte, ich könne alle ihre Weihnachtsgeschenke haben, aber die Puppe solle ich ihr doch lassen. Ein beleidigendes Angebot: was waren ein warmer Schlüpfer, ein Unterrock, waren gestrickte Handschuhe gegen eine geschenkte Puppe? Ich hielt die Puppe hinter meinem Rücken. Erst einmal gehörte sie mir. Das ganze Weihnachtsfest über paßte ich auf, daß mir Dorothea nicht die Puppe wegnahm.

Kurz nach Silvester schnitt ich ihr die langen Haare ein wenig kürzer. Dorothea weinte.

Ungerührt wachte ich weiter über meinen Schatz.

Mein Vater, der sich über die Puppentiere seiner Töchter lustig zu machen pflegte, hielt sich da raus.

Es war ganz natürlich, daß die schöne Puppe eines Tages bei Dorothea, unserer Puppenmutter, landete. Die große Schwester sorgte auch dafür, daß sie im nächsten Jahr mit ins Auto in Richtung Westen kam. Danach ging die Spur der Puppe verloren. Auch die Spur des Mädchens, das mir die Puppe geschenkt hatte, ging verloren. Es hieß Traute Bunhage und wohnte mit uns in Hoheneck am Kyffhäuser. Und falls jemand, der sie gekannt hat oder noch kennt, diese Geschichte hört, soll er ihr sagen, daß ich mich jener zweiten Nachkriegsweihnacht in Armut und Kälte um ihretwillen erinnere.

Helga Kumpfert

Der verewigte Engel

Puh, war das ein Wetter. Es schneite und schneite. Der Wind wirbelte den Schnee zu richtigen großen Verwehungen auf. Ich wartete auf meine Freundin. Wir wollten uns einen schönen gemütlichen Adventsnachmittag machen.

Da kam sie auch schon, die Mütze tief ins Gesicht gezogen, den Schirm vors Gesicht gespannt.

Ich öffnete schnell die Tür und half ihr aus dem nassen Mantel.

Der Kaffee verbreitete eine gemütliche Atmosphäre. Die Kerzen spendeten wohlige Wärme.

Meine Freundin überreichte mir ein kleines Paket. «Bitte pack es ganz vorsichtig aus!» Mit großer Vorsicht wickelte ich das Geschenk aus. Zum Vorschein kam ein kleiner Engel, selbst von meiner Freundin aus Kerzenwachs gegossen und mit Silberbronze liebevoll bemalt. Er sah ganz allerliebst aus, und ich taufte ihn Hieronymus.

Am nächsten Tag lief ich mit diesem kleinen Kunstwerk durch das ganze Haus, um einen geeigneten Platz zum Aufhängen für Hieronymus zu finden. Gestört wurde ich dabei von meiner kleinen Enkeltochter, die natürlich diesen Engel auch einmal anfassen wollte.

Und dann geschah das Unglück: Er entglitt ihrer Hand, fiel auf den Steinfußboden und zerbrach. «Nun ist er entzwei und lacht nicht mehr», war ihr lakonischer Kommentar.

Wir holten ein Stück Papier, hoben sorgfältig die entzweigegangenen Teile vom Fußboden auf, setzten sie wieder zusammen, klebten sie, und nach geraumer Zeit bronzierten wir den kleinen Engel an den geklebten Stellen wieder über.

«Nun lacht er wieder!» (Äußerung meiner Enkeltochter.) Am nächsten Tag hatte ich einen guten Platz gefunden. An der Kaminwand sollte es hängen. Ich bat meinen Mann, den Engel dort zu befestigen, und legte ihn schon einmal auf dem Kaminsims bereit.

Da wir am Abend Besuch bekamen, hatte mein Mann das Anbringen ganz vergessen. Es wurde ein sehr schöner Abend mit Freunden, das Kaminfeuer spendete Wärme und Geborgenheit, der Punsch schmeckte zu den selbstgebackenen Plätzchen. Wir erzählten viel und ließen den Kamin erst zu später Stunde ausgehen.

Am anderen Morgen mußte ich den Kamin säubern, das Sims abwischen. Ach ja, da lag ja auch noch mein kleiner Hieronymus. Ich wollte ihn vom Sims nehmen. Aber, o Schreck, er war durch die Wärme festgeklebt. Ganz vorsichtig, mit einem Teigschaber versuchte ich nun, den Engel vom Kaminsims zu lösen. Geschafft – er war nur leider total verformt und teilweise so beschädigt, daß meine kleine Luise gesagt hätte: ‹Nun lacht er nicht mehr!› Ich mußte ihn, traurig, wie es war, in den Ascheimer befördern. Aber – was war denn das?

Hieronymus hatte sich in seiner ganzen Gestalt auf dem Kaminsims verewigt. Das Kerzenwachs hatte sich so in den Kamin hineingesetzt, daß der Engel in seinen Umrissen ganz genau zu erkennen war. Mit allen möglichen Mitteln und Tricks versuchte ich, ihn zu entfernen. Es war nicht möglich. Er hat sich für immer auf dem Kaminsims niedergelassen, sehr zum Kummer meines Mannes.

Ines Lachnit

Ungestörte Vorweihnacht

Während ich die Treppe hinauflaufe, wird das Geschrei und Gezeter hinter mir stiller, verklingt endgültig, als ich die Tür zu meinem Zimmer schließe. Bevor ich den Schlüssel herumdrehe, hänge ich noch das Schild mit der Aufschrift «Vorsicht, Weihnachten» vor die Tür. Jetzt kann ich sicher sein, daß mich niemand in den nächsten Stunden, solange das Schild dort hängt, stören wird. Denn sosehr meine Verwandtschaft auch neugierig – eher gierig als neu – auf die Geschenke ist, die große Weihnachtsüberraschung unter dem Tannenbaum wollen sie sich nun doch nicht verderben. Immerhin, es gibt genug Möglichkeiten, Weihnachten ad absurdum zu führen, da kann man sich wenigstens die halbe Stunde unter dem Weihnachtsbaum im Kerzenschein zusammennehmen und friedliche Familienfreuden heucheln. Ich möchte bei niemandem den Eindruck erwecken, daß ich etwas einzuwenden hätte gegen eine Familienweihnacht, bei der sich die entfernteste Sippschaft Segenswünsche sendet und der Frieden über uns lastet, aber im Lauf der Jahre habe ich meine wachsende Mißstimmung über die alljährliche

Weihnachtsshow beim Alle-Jahre-wieder-Singen nicht zurückhalten können und flüchte daher lieber in mein eigenes Reich.

Nirgends und niemals spüre ich den Geist der Weihnacht so eindrucksvoll wie in der Vorweihnachtszeit. Diese vier Wochen vor dem großen Weihnachtsbaumabbrennen widme ich mir selbst, gönne ich mir die Muße und Ruhe, über Geschenke nachzusinnen, sie zu besorgen und sie liebevoll zu verpacken.

Auf dem kleinen Teetisch unter der Fensterbank stehen frischgeschnittene Tannenzweige, die ihren grünen Duft und die milde Herbe von Harz verströmen. Dieser Duft empfängt mich jedesmal, wenn ich den Rest des Hauses und der Welt hinter mir lasse und der sanften Einladung dieses behaglichen Duftes folge. Rechts und links von der Vase mit den geschmückten Zweigen stehen Kerzen; an den Füßen der Kerzenhalter haben sich schon kleine Wachsskulpturen vom ständigen Gebrauch gebildet, in denen man sich mit ein wenig Phantasie die verschiedensten und schönsten Figuren vorstellen kann. Auf dem Bord über meinem Bett aber steht mein stolzester Vorweihnachtsbesitz: ein kleines Kerzenhäuschen.

Es ist eine kleine Keramikfigur, auf dem Dach des Häuschens liegt Schnee und durch die Fenster fällt sanftes, unheimliches Licht in die schattenhafte Umwelt.

Wie immer, wenn ich die Zeit für mich haben möchte, lösche ich das Licht und zünde diese Kerzen an, öffne mein Fenster ein wenig und lausche der Musik aus dem Radio. Der kühle Luftzug läßt die Flammen zittern und tanzen, wirft wechselnde Schatten an die Tür. Ich nehme die Wolldecke von meinem Bett, wickle mich fest in sie ein und lehne mich an die Wand neben dem Radio. Meist sitze ich da und schaue mir mein Zimmer an, so als ob ich ein Fremder hier wäre. Betrachte meine Katzenskulpturen aus schwarzem Glas, auf denen sich die Lichter der Kerze spiegeln und verzerren. Dann wandert mein Blick weiter über die Poster an den Wänden, und meine Gedanken schweifen ab in eine stille, weit entfernte Welt, zurück bleiben die lästigen Gedanken an zu erledigende Hausarbeiten, an Wäschewaschen, Kartenschreiben an unbekannte Verwandte und Bekannte.

Vor dem Fenster hat sich nun endgültig die Dunkelheit breitgemacht, und nur die Straßenlaterne von gegenüber wirft verschwommenes Licht in mein Zimmer, bleibt in den Schneebildern hängen und erleuchtet mein Zimmer nur noch als einen diffusen Schimmer.

Ein wohliges Seufzen kommt mir über die Lippen, ich spüre förmlich in meinem Körper, wie die Anspannung, aufgestauter Ärger und Probleme von mir abfallen und für den Augenblick wegschmelzen wie das Wachs der Kerzen unter der unsteten Flamme. Ich bemerke, wie meine Nase kalt wird, ansonsten bin ich bis zum Hals in die Decke eingemummelt und nehme die Vorboten der kalten Nacht nicht wahr. Schließlich überkommt mich die Lust, etwas zu tun, etwas für Weihnachten herzustellen. Ich ziehe unter dem Bett den braunen Karton hervor, in dem ich die verschiedensten Geschenke, Papier, Karten, Bastelkram und die Ideenliste versteckt halte. Diese Liste ist das Bedeutsamste der ganzen Ansammlung. Auf ihr trage ich nun schon seit fünf Jahren Ideen für Geschenke ein, wem ich was basteln, kaufen oder schicken könnte, und daneben verzeichne ich auch noch, was ich tatsächlich geschenkt habe. Diese Liste ist für mich das gesamte Jahr über gültig, nicht erst ab Anfang November, wenn die Weihnachtsdekorationen signalgerecht von der friedlichen Zeit verkünden und den Käufer zum Geldausgeben stimulieren sollen. Ich bin ständig auf Ideenfang; wenn ich etwas sehe oder mir etwas Schenkenswertes in den Sinn kommt, schreibe ich es auf, und im Advent wähle ich dann das Geschenk aus, das von Herzen kommt.

Aber heute ist mir nicht nach Geschenkeeinpacken zumute, viel lieber möchte ich Papier bemalen oder bekleben.

Es macht mir eine unvorstellbare Freude, schlichtes Papier zu Collagen zu verkleben, die ich dann als Weihnachtspapier weiterverwende. Alles, was mir in den Sinn kommt, wird dazu benutzt: von Kunstschnee über Mickymaus-Aufkleber bis hin zu Tannenzweiglein und Zeitungsbildern.

So sitze ich eine ganze Weile über die verschiedensten Blätter gebeugt, male einen Weihnachtsbaum, oder das, was ich dafür halte, auf den weißen Bogen, schnippele mit der Schere Weihnachtssterne und schaue zwischendurch immer einmal zum Fenster hinaus, ob es nicht zu schneien anfinge. Ja, genau solch eine Stimmung herrscht in diesem dunklen Zimmer in der Vorweihnachtszeit: Schneestimmung; die Krönung eines jeden Weihnachtsfestes, wenn sich die Erwachsenen ägern über die Nässe und ach, wie glatt es doch sei, aber für Kinder und diejenigen, die noch immer ein wenig Kind in sich sind, gibt es keinen schöneren Anblick als die dicken, warm anmutenden Flocken, die in aller Stille und unfaßbarer Menge vorbeischweben.

Das Radioprogramm nehme ich nur noch im Hintergrund wahr, es ergänzt wunderbar mein Verlangen nach Einsamsein in diesen überfüllten Tagen. Diese wenigen Stunden gehören nur mir, sie haben etwas Geheimnisvolles, einen Reiz des Verborgenen, da nur ich weiß, wie leicht man Frieden und Weihnachtsfreude erleben kann. In diesen Augenblicken wird Alleinsein zum Freund, ich löse mich von den unnützen Gedanken, wem ich was wie schnell noch besorgen muß, wo ich dann und dort erscheinen muß, wem ich wo und was noch mitzuteilen habe. Nichts dergleichen, die Menge der eindringenden Menschen bleibt ausgesperrt aus der Friedenszeit des Weihnachtsfestes, nur das Radio stellt noch eine kleine Tür, ein Fenster dar, durch das ich die lärmende, unnötig hektische Welt beobachten und mich darüber freuen kann, daß ich das Schlupfloch gefunden habe.

Mit einemmal dringt ein Bericht deutlich zu mir vor, hebt sich aus der verschmelzenden Menge von Stimmen, Musik und Interviews hervor. Jeder, der Lust hat, soll über Weihnachten schreiben, egal wie, egal was, nur Weihnachten als großer Rahmen.

Zuerst finde ich den Gedanken albern und kitschig, an meinem inneren Auge ziehen die unendlichen Geschichten von Kindheitserinnerungen an schneebeladene Weihnachtsbäume vorbei, aber dann sticht es mich geradezu. Warum nicht? Ich habe auch eine Weihnachtsgeschichte zu bieten, nämlich die, wie ich meine Vorweihnachtszeit verbringe. Nein, das ist doch keine Geschichte, oder soll ich doch? Na klar, warum nicht, ich brauche ja nur das zu beschreiben, was ich vor mir sehe und wie ich mich dabei fühle, schon habe ich eine Geschichte, die Geschichte einer ungestörten Vorweihnacht.

Jutta Lindenthal

Entscheidung zum Weihnachtsfest

Ins Zimmer zieht leise die Dämmerung. Schwere Regentropfen klatschen laut gegen die Fensterscheiben. Weihnachtliche Musik klingt aus dem Radio. Barbara hat ihren Stuhl ans Fenster gerückt und schaut auf die regennassen, glitzernden Straßen, auf denen die Autolawine rollt, unendlich lang, einem unbekannten Ziel entgegen.

Die junge Frau seufzt. Zu Hause war alles viel ruhiger, gemütlicher gewesen. Die meisten Leute kannten sich, sprachen, wenn sie sich beim Weihnachtseinkauf auf der Straße trafen, oft ein paar Worte miteinander oder nickten sich jedenfalls, wenn sie es eiliger hatten, freundlich zu. Hier ist alles fremd. Die Menschen laufen hastig aneinander vorbei, hektisch dem nächsten Geschäft entgegen.

Ja, zu Hause! Ist damals ihre Entscheidung, in den Westen zu fliehen, richtig gewesen? Mit vielen anderen ging sie aus ihrem Heimatort an der tschechischen Grenze fort, schlug sich auf abenteuerlichen Wegen bis nach Prag in die Deutsche Botschaft durch; schließlich kam sie mit einem Sammeltransport nach Norddeutschland. Vor Freude lagen sich die Flüchtlinge in den Armen. Sie hatten es geschafft, dem großen Druck zu entkommen.

Und nun? fragt sich Barbara. Was habe ich erreicht? Sicher, zu Anfang waren die Menschen hier sehr freundlich zu ihr. Eine alte Dame vermietete ihr dieses Zimmer mit seinen alten, schweren Möbeln. Überraschend schnell wird auch eine Stelle als Bürokraft bei einer Spedition für sie frei. So hat sie jetzt ein Einkommen und ist unabhängig. Trotzdem fühlt sie sich immer noch als Fremde in dieser Stadt. Einmal nimmt sie eine Kollegin in eine Disco mit. Jedoch die Atmosphäre kommt ihr kalt und unnatürlich vor.

Was willst du eigentlich? Energisch ruft sie sich zur Ordnung. Du hast Heimweh.

«Leise rieselt der Schnee...» klingt es aus dem Radio. Und morgen geht es ja nach Hause, auf Weihnachtsbesuch. Sicher ist dort alles schon mit einer dichten Schneedecke bedeckt, die hohen Felsen und die weiten Wälder. Auf dem Tisch hat sie ihre kleinen Geschenke für die Eltern, die Schwester, ja und auch für Sascha, den langjährigen Freund, ausgebreitet. Ob er noch manchmal an sie denkt? Damals konnte er ihr Fortgehen nicht verstehen, antwortete auch nie auf ihre Briefe. Das tut weh.

In dem kleinen Zimmer ist es nun fast dunkel. Lediglich der Schein der Straßenlaterne bringt ein wenig Licht. Barbara macht die Tischlampe an und liest nochmals die letzten Zeilen der Eltern. Komm zurück, steht dort geschrieben. Komm nicht nur zu Besuch, es ist auch bei uns besser geworden. Wir haben wieder Hoffnung. Überlege es Dir! Es geht uns allen gut, auch Sascha. – Nachdenklich schaut die junge Frau auf die gepackten Koffer. Ja, denkt sie auf einmal froh, morgen fahre ich nach Hause.

Am nächsten Tag sitzt sie schon früh im Zug. Zuerst fährt er durch eine schmutziggraue, nasse Winterlandschaft. Nach etlichen Kilometern ändert sich dann das Bild. Die Gegend wird hügeliger, steiler und schließlich auch weißer. Eine dichte Schneedecke liegt auf Feldern und Wäldern. Schneeflocken treiben an ihrem Fenster vorbei. «Leise rieselt der Schnee...» Die Melodie beginnt in ihr zu singen. Fröhlich, voller Weihnachtsvorfreude denkt sie an ihren Heimatort. Immer vertrauter werden ihr die einzelnen Stationen. Nach Hause, nach Hause rattert der Zug. Auf einmal weiß sie ganz sicher: Aus dem Weihnachtsbesuch wird eine Heimkehr.

Susanne Makoben

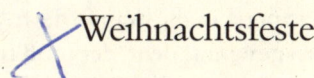Weihnachtsfeste

Die schönsten Erinnerungen an Weihnachten habe ich aus meiner Kindheit. Unsere Heimlichkeiten, das Backen nach alten Familienrezepten, die sorgsam gehüteten Überraschungen der Eltern (unser Vater ging täglich pfeifend an einer verschlossenen Tür vorbei, der Vogel hörte zeit seines Lebens nur auf Vaters Pfeifen) – das alles hatte einen besonderen Reiz. Wie unsere Eltern es schafften, in diesen schlechten Zeiten unsere zaghaft geäußerten Wünsche zu erfüllen, ist mir ein Rätsel. Kaufmannsladen, Puppenhaus, Rollschuhe (Marke Hudora, zum Unterschnallen) – ich tippe auf intensiven Tauschhandel – mein Puppenhaus habe ich später, dem Spielalter eben entwachsen, bei einer entfernten Cousine entdeckt.

Der Glaube an den Weihnachtsmann fand bei mir ein jähes Ende, als ich ein Gedicht aufsagen sollte und mein Blick auf seine Schuhe fiel. Er hatte zwar einen roten Mantel an und einen weißen Bart, aber die Schuhe gehörten eindeutig Onkel

Helmut. Mit Rücksicht auf meine kleine Schwester habe ich den Mund gehalten, Weihnachtsmännern begegne ich seitdem sehr reserviert.

Und plötzlich ist man selbst «Eltern». Die gleichen Abläufe – nur von der anderen Seite aus betrachtet. Wieviel Planung so ein Fest verlangt! Den Baum können wir schon am zweiten Advent ab 9 Uhr holen. Kurz nach 9 Uhr kommen uns Scharen von Tannenbaum schleppenden Menschen entgegen. Unser Baum ist der letzte und hat zwei Spitzen, aber dafür kann er ja nichts. Als wir ihn vorerst im Garten lagern wollen, hebt der Hund sein Bein. Dieser Baum fliegt am zweiten Weihnachtstag raus, sein Geruch ist überhaupt nicht weihnachtlich.

Wir zanken uns noch, ob wir mit Lametta oder ohne schmücken wollen, da kommt Opa mit dem springlebendigen Karpfen nach Hause. Sofort entbrennt eine heftige Diskussion darüber, wer zuerst in die Wanne darf, Opa oder der Karpfen. Der Karpfen gewinnt, denn der muß frisch sein, bei Opa ist das nicht so wichtig.

Die Temperaturen sind frühlingshaft (früher schneite es Weihnachten immer), aber als die Lichter am Baum brennen, wird es doch weihnachtlich. Niemandem ist eine Gräte im Hals steckengeblieben, und dann werden die Geschenke ausgepackt. Der Sohn baut seinen Trecker zusammen, der Eishockeyschläger liegt neben ihm (das arme Kind, wenn der Dorfteich dieses Jahr wieder nicht zufriert, bekommt er den Schläger nächstes Jahr noch einmal). Opa hört Weihnachtslieder aus seinem neuen Radio, Oma beginnt mit dem Aussticken der Osterdecke, Paul trägt seinen neuen Pullover, obwohl der zu warm ist, Uropas Zigarrensortiment reicht bis zum nächsten Fest, wenn er seinen Konsum verdoppelt, und Paul hat sich bei seinem Geschenk für mich strikt an unsere Abmachung gehalten, jeder soll nur eine Kleinigkeit bekommen (diese Konsequenz bedenkt man ja nicht, wenn man das im Spätherbst ausspricht). Uropa hängt Wunderkerzen in den Tannenbaum und behauptet mit schrägem Seitenblick

auf mich, das sei Brauch in Holstein. Ich will nun wirklich
Heiligabend keinen Streit anfangen, aber

1. sieht das nach Silvester aus und
2. hat eine abgestürzte Wunderkerze ein großes Loch in
   den Teppich gebrannt.

Frohes Fest!

Renate Minaie

Entlarvung

Die Vorfreude auf das Weihnachtsfest hatten sie mir gründ-
lich verdorben. Behaupteten doch tatsächlich meine Schulkameraden – ich ging damals in die zweite Klasse –, es gäbe
keinen Weihnachtsmann. Der zu uns kam, war ein verkleide-
ter Vater, Großvater oder Onkel. Ich war entrüstet. Konnte
es einfach nicht glauben. Hartnäckig und leidenschaftlich
verteidigte ich den Weihnachtsmann. Mitleidig wurde ich
von ihnen belächelt. Einige verspotteten mich auch. Aufgeregt erzählte ich meinen Eltern die unerhörten Äußerungen.
Still hörten sie zu. Ihre Sprachlosigkeit war für mich die
stumme Bestätigung für die Existenz des Weihnachtsmannes. Triumphierend rief ich am nächsten Tag beim Eintritt in
die Klasse: «Es gibt doch einen Weihnachtsmann. Meine Eltern haben es auch gesagt.» – «Stimmt ja gar nicht, stimmt ja
gar nicht», kam es im Chor zurück. «Doch.» Wütend
stampfte ich mit dem Fuß auf und zwängte mich in meine
Schulbank. Zarte Zweifel hatten sie aber doch gesät. Warum
wollte ich denn am Heiligabend besonders wachsam sein?

Am Heiligabend beauftragte mich meine Mutter mit kleinen Aufgaben. So schickte sie mich auch zu den Großeltern,
die nur wenige Minuten von uns entfernt wohnten. Ich sollte
meiner Großmutter zur Hand gehen. Am ersten Weihnachts-

tag war die gesamte Verwandtschaft bei ihnen zum Essen eingeladen. Doch meine rotkohlschneidende Großmutter hatte für mich nichts zu tun. Ich ging wieder heim und wikkelte lustlos die Geschenke ein. Mit Bangen dachte ich an den Nachmittag. Würden alle hier sein? Vater, Großvater und die Onkel?

Pünktlich kamen die beiden mit den Tanten zum Kaffee. Vater hatte sich festlich angezogen, und auch Mutter hatte ihr bestes Kleid aus dem Schrank geholt. Es fehlte nur noch Großvater. Wo blieb er nur? Warum kam er nicht? Sollte das Gerede der anderen doch wahr sein?

Wie erleichtert war ich, als er endlich in der Tür stand. Allein. Die Großmutter wollte nachkommen. Sie war noch immer nicht mit ihren Vorbereitungen fertig. Wichtig war, daß der Großvater da war. Wußte ich es doch. Es gab einen Weihnachtsmann. Jetzt freute ich mich auch auf Weihnachten. Ich dachte an meinen Wunschzettel, roch das duftende Weihnachtsgebäck, das Tannengrün. Alles glitzerte und glänzte. Übermütig und ausgelassen saß ich am Kaffeetisch.

Heftig zuckte ich zusammen, als es gegen die Tür polterte. Vater sprang auf. Auch ich erhob mich zaghaft und folgte ihm. Lächelnd stand der Weihnachtsmann auf der Schwelle. Vater bat ihn herein und half ihm, den schweren Sack ins Wohnzimmer zu tragen. Mit verschränkten Armen auf dem Rücken stand ich da und spielte verlegen mit meinen Fingern.

Der Weihnachtsmann fragte mich einiges über die Schule und sagte mir Dinge, die ich ungern hörte. Verstohlen musterte ich ihn dabei. War er nicht kleiner als im letzten Jahr? Doch schnell verwarf ich diese Frage. Schließlich war auch ich kleiner gewesen. Trotzdem war er kleiner als Vater. Hatte er ihn im letzten Jahr nicht überragt?

«Kannst du mir auch ein Gedicht aufsagen?» riß mich der Weihnachtsmann aus meinen Gedanken. Damit brachte er mich in arge Verlegenheit. Ich hatte keins gelernt. Krampfhaft überlegte ich und entsann mich an einen kleinen Vers. Dennoch stockte ich zweimal. «Na, das war aber dürftig, das ging im Vorjahr fließender», grollte er. Er nickte besänftigend, als ich versprach, mich im nächsten Jahr mehr anzustrengen.

Endlich holte er die Geschenke aus dem Sack, die er mir auf die ausgebreiteten Arme legte. Und immer wieder bückte er sich und holte weitere Geschenke hervor. Ich konnte schon gar nicht mehr über meinen Turm sehen. Vater nahm mir die Geschenke dann ab.

«So, jetzt muß ich aber weiter. Es warten noch mehr Kinder auf mich.»

«Lieber Weihnachtsmann», sagte Vater, «wir wissen, daß du viel zu tun hast. Aber möchtest du nicht eine kleine Verschnaufpause machen und eine Tasse Kaffee mit uns trinken?»

«Gut. Ein paar Minuten kann ich wohl bleiben.» Er setzte sich auf Großmutters Stuhl und zog seine Handschuhe aus. Fassungslos starrte ich auf seine Hände. Er bemerkte meinen Blick und verbarg sie entsetzt in seinem Schoß. Zu spät. Er war entlarvt. Anstatt enttäuscht zu sein, fand ich es komisch und prustete los. Auch der Weihnachtsmann lachte. Die ahnungslosen Erwachsenen schauten erstaunt zu uns. «Schaut auf seine Hände», platzte es aus mir heraus, «der Weihnachtsmann hat die rotkohlgefärbten Hände der Großmutter.» Jetzt stimmten alle in unser Gelächter mit ein.

✗ Weihnachten in Portugal

Weihnachten einmal ganz anders erleben, das wollten wir, wenn die Kinder groß sind und ihre eigenen Wege gehen.

Warum also nicht die seit Jahren bestehende Einladung portugiesischer Freunde annehmen und vom deutschen Winter in den Frühling nach Portugal reisen? Weihnachten mit Einheimischen feiern, nicht als Tourist in irgendeinem Hotel.

Den ersten und zweiten Advent verleben wir noch in Deutschland. Voller Weihnachtsvorfreude, Abenteuerlust und altmodischer Adventsstimmung brechen wir Mitte Dezember per Pkw auf.

Wir weichen in Südfrankreich und Nordspanien von unserer Reiseroute ab, um Städte und Menschen zu erleben. Lichterketten zu Sternen, Engeln und Bäumchen geformt, sind zwischen den engen Häuserzeilen gespannt, aber welch ein Überschwang in der Dekoration herrscht dagegen bei den Portugiesen! Die Geschäftsstraßen sind bunt mit Lichterketten, beleuchteten Heiligenbildern, Engeln und Weihnachtsmännern in allen Farben geschmückt. Tausende von bunten Birnchen flackern und strahlen um die Wette. Ständig steht ein Arbeiter auf ungesicherter Leiter, um defekte Glühlämpchen zu ersetzen. Große Lautsprecher sind an den Straßenecken angebracht, aus denen laut internationale Weihnachtslieder ertönen. Auch Klassik auf der Panflöte ist zu hören. Die lustigen protugiesischen Weihnachtslieder sind wohl nicht gefragt? Wir erstehen eine Kassette mit alten portugiesischen Weisen und freuen uns an der «Alegria», die aus der Melodie entgegentanzt. Weihnachten, das Fest der Freude... den Leuten, die hier fast hektischer als bei uns durch die festlichen Straßen hasten, sieht man davon nichts an.

Wir haben eine separate Wohnung im Hause unserer Freunde und denken, daß wir deshalb gar nicht viel von Weihnachtsvorbereitungen mitbekommen. Doch «Vorbereitungen» sind nicht die Art dieser Mentalität, hier hat man erst in letzter Minute die Ideen und setzt sie dann aber sofort in die Tat um. Oder ist es der traditionelle Ritus, der in einer guten Stunde erledigt wird?

Selbst große Märkte, wie der donnerstags in Barcelos, sind zur Weihnachtszeit nicht anders als sonst, abgesehen von ein paar Ständen, die zusätzlich Lamettagirlanden in allen Farben, Weihnachtskarten und Sterne in ihr Angebot aufgenommen haben. Bei einem Keramik-Händler entdecken wir auch Weihnachtskrippen, der Stall aus Korkplatten, die Krippe mit Ähren ausgelegt und handgefertigten kleinen Figuren in ungeahnter Vielfalt. Wir suchen uns die schönste aus und brauchen dazu nun aber auch einen Weihnachtsbaum, unter den wir sie stellen können. Weihnachtsbäume sind nicht üblich und nur auf Bestellung teuer zu bekommen.

Das Wetter ist alles andere als frühlingshaft: Unwetter verwüsten in diesen vorweihnachtlichen Tagen den Norden Portugals. Dieses Unwetter jedoch verhilft uns unversehens zu unserem Weihnachtsbaum. Auf der Rückfahrt vom Markt, total durchnäßt und niedergeschlagen, fällt uns die abgeknickte Krone einer kleinen Kiefer vors Auto und wird spontan zu unsrem Weihnachtsbaum erkoren. Ein paar zusätzliche Zweige stecken wir zum unteren Kranz in den mit Sand gefüllten Eimer und basteln uns so ein Weihnachtsbäumchen, das in den kommenden Tagen viel Bewunderung findet. Geschmückt mit kleinen harten, roten Äpfeln von der Marktfrau, gehäkelten Herzen aus weißem Glanzgarn und den unübertroffenen drei noch original-angewachsenen Zapfen, darunter den Rohkorkplatten-Stall, erstrahlt unser Bäumchen in Rot-Weiß-Grün, und wir sind zufrieden. Kerzen gibt es hier sehr wenig und sind teuer, elektrische bunte Ketten «made in China» sind auch in Portugal in, deshalb beschränken wir uns auf zwei große weiße im Keramikleuchter und laden unsere Bekannten am Heiligabend zwischen 18 und 19 Uhr zur «deutschen» Stunde ein. Einzeln, wie sie kommen, wenn es ihre Über-Betriebsamkeit erlaubt, bewirten wir sie mit Teepunsch, Pfefferkuchen und Plätzchen, die wir hier nach deutschem Rezept mit portugiesischen Zutaten und vor allem Verzierungen gebacken haben. Alle Familienmitglieder und Freunde sind sehr abgehetzt, kommen aus der Küche oder vom Einkaufen. Die Geschäfte sind am Heiligabend, der diesmal auf einen Sonntag fällt, noch bis spät abends geöffnet, und sehr viele kaufen jetzt erst ihre Geschenke. Bei Kerzenschein und deutschen Weihnachtsliedern, die einige noch aus ihrer Gastarbeiterzeit in Deutschland kennen, entspannt sich jeder sichtlich. Die allgemeine Reaktion «Ach, ist das gemütlich» läßt uns schmunzeln, und dann werden wir mitgenommen zum traditionellen Bacalhau-Essen. Bacalhau ist eine Art Kabeljau, noch auf See gepökelt und auf großen Holzgerüsten (früher am Strand, jetzt in Trocknungsanlagen) getrocknet. Salzstarrende Filets von fünf und mehr Kilo, manchmal ½ qm große, flache Fischbretter, werden tagelang gewässert und dann mit Blattkohl und Kartoffeln zu einem Eintopf gekocht, *das* Essen, das man Heiligabend in fast allen Familien in Nord-Portugal ißt. Dazu eine Soße aus Öl, gehacktem Knoblauch und Zitronensaft. Es schmeckt uns, dazu gibt es Weißwein, einen naturreinen, vollmundigen Eigenanbau von der Quinta. Das üppige Dessert aus den Lieblingsspeisen des ganzen Jahres zusammengestellt, rundet das Mahl ab. Mit vielen kleinen Leckereien, Lachen und Champagner-Trinken vertreibt man sich die Zeit bis zur Bescherung um 23.00 Uhr. Eine ausgelassene Stimmung herrscht bei Groß und Klein, und eigentlich wollte man anschließend die Mitternachtsmesse besuchen. Das fällt aber wegen Regen und Sturm aus.

Am Weihnachtstag, dem Hauptfest in Portugal, versuchen wir, in eine der Vormittagsmessen zu kommen, alle sind überfüllt.

Vor dem Altar ist eine riesige Krippenlandschaft aufgebaut, total dieser Landschaft nachempfunden mit großen Keramik-Figuren, die hier in der Gegend hergestellt werden. Das Jesuskind wurde in der Mitternachtsmesse auf ein dickes Bett aus Weizenähren feierlich gebettet. Die üppige Dekoration mit rosa Gladiolen, weißen Nelken und Kamelien um die Krippenlandschaft wirkt auf uns sehr fremd. Soli, von schönen Stimmen ganz natürlich vorgetragen, beeindrucken, und nach der Kommunion hält der Pfarrer das Jesuskind auf einem reichbestickten Steckkissen hoch, damit es jeder, der will, küssen kann – und das sind fast alle. In dieser Kirche, die außen einem Schiffsbug nachgebaut wurde, steht auf der anderen Seite noch eine Missionsschwester mit einem schwarzen Christkind, zu dem vor allem die Kleinen drängen.

Um 13.00 Uhr (in Deutschland ist es jetzt schon 14.00 Uhr) werden wir zum Festmenü erwartet. Der Fernseher läuft, die Heiz-Radiatoren auch, bis dann die Sicherungen durchbrennen, weil sie den Fön, den die Töchter gerade gebrauchen, nicht mehr verkraften. Große Stille und Staunen kehren ein. Mit Bedacht wird alles wieder eingerenkt, man kennt solche Situationen zur Genüge. Nach zweistündigem Schlemmen – uns kommt es vor, als wenn alle Spezialitäten des Landes aufgefahren werden – es fehlt weder weißer noch schwarzer Reis, die Innereien, Pute, Fisch, pikante Ziegenkeule, Kohl, Rote Bete, Tomaten, Gurken und Blattsalat. Die Krönung des Nachtisch-Super-Angebots ist am Weihnachtstag der «Bolo Rei», ein Königskuchen als Hefekranz mit Unmengen von Mandeln, Rosinen und Zitronat sowie einer Bohne, versteckt für den, der im nächsten Jahr einen Bolo Rei spendieren muß (die hab ich), und einem kleinen Geschenk als Glücksbringer eingebacken. Das ganze Prachtstück ist mit kandierten Früchten in leuchtenden Farben verziert, dazu gibt es portugiesischen Schaumwein vom Besten – meio seco.

Nachmittags wird uns dann noch die neue Fünf-Zimmer-Penthouse-Wohnung gezeigt; im siebten Stock des Nachbarhauses mit unverbautem Blick auf die tosende Meeresbrandung, Strand und Grün. Seit vierzehn Monaten ist sie bezugsfertig, aber noch nicht eingerichtet mangels Zeit zum Möbelaussuchen. Ja, als man noch in Deutschland lebte, da hatte man Zeit, keine Geldsorgen, immer pünktlich Feierabend und ein freies Wochenende. Für die Kinder sorgte ein Kindermädchen, gesellschaftlich war man aktiv und freute sich auf die Ferien in Portugal. Heute muß man in der eigenen Fabrik arbeiten wie ein Esel und kann nichts von seinem Wohlstand genießen. Solche Gedanken drängen sich auch dem Besucher auf und den Betroffenen wohl nicht nur zu Weihnachten.

Weihnachtsstimmung, ruhige Gespräche in der Familie, das können wir hier kaum entdecken. Jeder hat sein Programm. Beim Kirchgang am Abend des ersten Feiertags muß man auch ohne die «Kinder» auskommen. Einen zweiten Feiertag gibt's in Portugal nicht. Wir gestalten ihn uns ruhig und wetterentsprechend inside, denn die nächste Grippe schickt ihre Boten voraus.

Einmal ganz anders wollten wir Weihnachten erleben – und das haben wir. Aber schon dort begann der Entschluß zu reifen: Nächstes Jahr feiern wir wieder Weihnachten daheim! Und den «Bolo Rei» schicke ich mit den Weihnachtsgrüßen per Post nach Portugal...

Renate Müller-Piper

✗ Dezember-Leidenschaften

«Heute wollen wir Plätzchen backen! Heute! Bitte!» forderte eines dämmrigen Frühabends in der Adventszeit meine elfjährige Tochter Kiky, die genaugenommen Kirsti Dorothea Franziska Margarete heißt. Und mit dieser mitreißenden Anregung fand sie in ihrem fünfjährigen Bruder Tobias einen begeisterten Gleichgesinnten.

Gebacken hatten wir um diese Zeit jedes Jahr. Diesmal hatten wir jedoch vereinbart, ausschließlich Selbstgebackenes zu verzehren, nichts dazuzukaufen.

Und so machten wir uns an eben jenem Frühabend ans traditionelle, kostensparende Werk. Eins, zwei, drei glich unsere Küche wieder einmal einem Schlaraffen-Paradies: Zuckersüße Teigreste klebten anmutig an Schüsseln und Topfgriffen, leuchtendes Eigelb munterte das triste Zinngrau des Fußbodens auf. Und Spuren erdbeerroten Zuckergusses fanden sich an den sonst so schmucklosen Griffleisten altgedienter Küchenschränke.

Was dann, spätabends, unsere Zuckerbäckerei verließ, wurde an den folgenden Tagen mit dezemberlicher Leidenschaft verzehrt: zartrosa Herzen, vanillegelbe und puderzuckerweiße Sterne mit Mandeln. Fichtennadelgrüne Tannenbäume und feinflügelige wolkenweiße Engel. Ein himmlisches Vergnügen, auch für mich, denn immer wieder erinnerte ich mich zwischendurch, daß in meiner Kindheit für meine Familie von derartigen Leckereien nicht einmal ernsthaft die Rede hatte sein können, in der Kriegs- und Nachkriegszeit.

Unversehens stellte sich auch in diesem Jahr das Verlangen nach unserem eigentlichen Lieblingsbackwerk ein – da mochten unsere Plätzchen noch so zahlreich, so kunterbunt sein wie bei den Schlaraffen. Ohne einen Dresdner Christstollen von einem ganz bestimmten professionellen Zucker-bäcker-König ging es nicht. Nicht bei uns.

Daß diese Köstlichkeit fehlte, senkte unsere vorweih-nachtliche Stimmung beträchtlich. Und so kam, was doch hätte vermieden werden sollen: Ich plünderte kühn meine eher dürftige Haushaltskasse und betrat gefaßt, den heißer-sehnten Geschmack bereits auf der Zunge, jene hochfeine, beinahe k. u. k. Konditorei unserer Stadt, welche – leider – auch die teuerste ist.

Märchenhaft, wie alle Jahre, der Verkaufsraum, der mich wieder in seinen Bann zog, wie Bilderbuchträume meiner Kinderzeit, die von ‹Fliegeralarm›, Bucheckern-Suchen und Kartoffeln-Auflesen bestimmt war.

Von der Decke der Konditorei baumelten himbeerrote Ni-kolausstrümpfe, überquellend von köstlichen Naschereien. Auf zwei riesigen, blitzenden Tresen lockten in Kakao ge-rollte Marzipankartoffeln in winzigen Spankörben. Sie wett-eiferten mit vielerlei Früchten aus derselben Substanz um die Gunst der Käufer, ebenso wie der Weihnachtsbaumbehang aus zartgelber Geleemasse, aus heller Schokolade und Baiser, verziert mit tausend kunterbunten Punkten. Und über all der Herrlichkeit schwebten Engel, deren Anwesenheit es mög-licherweise zu verdanken war, daß selbst die Ruten – aus Rei-sig zwar – mit Süßem behängt waren.

«Einen – nein, besser noch: drei kleine Christstollen bitte», erbat ich von der feenhaften Verkäuferin mit weißem Häubchen und Spitzenschürze und ließ mir drei in himmel-blaues Weihnachtspapier gehüllte Päckchen zaubern, die ich als besonders luxuriöse Überraschung unter den Weih-nachtsbaum legen würde.

Bei der Bescherung, am 24. Dezember, beobachtete ich meine Lieben gespannt beim Auspacken dieser im himmli-schen Blau verborgenen Geschenke.

Ihre Freude fiel anders aus, als ich erwartet hatte: übermütiger. Meine Tochter vergaß über schlecht verborgener Kicherei beinah, ihre anderen Präsente auszupacken, was ihr sonst nicht schnell genug gehen kann. Und Tobias tanzte von einem Bein aufs andere, wie Rumpelstilzchen.

Was, bitte, hatte das zu bedeuten?

Nun, es stellte sich heraus, daß jeder von uns dieselbe Geschenkidee gehabt hatte, um dem trost- und stollenlosen Zustand ein Ende zu bereiten. Und so kam es, märchengleich, daß wir nun wirklich übermäßig von unserem Lieblingsbackwerk hatten. Uns durch diesen Berg dankbar und genießerisch hindurchzuessen, ehe zu Silvester die mit Pflaumenmus gefüllten Krapfen auf den Tisch kamen, hatten wir fast Mühe. Aber, eben nur fast. Ehrenwort!

Berit Neß

Warme Weihnacht
zwischen kalten Wänden

Es war ein sehr kalter Dezembertag, und der erste Schnee war schon gefallen. Ich schlug meinen Kragen hoch, um mich vor der Kälte etwas zu schützen. Schlendernd zog ich durch die Einkaufsstraßen, erfreute mich an den geschmückten Schaufenstern und genoß die vorweihnachtliche Stimmung. Männer und Frauen, mit Tüten bepackt, kamen mir entgegen. Kinder mit weit aufgerissenen Augen beobachteten ehrfürchtig einen umherwandernden Weihnachtsmann.

Eine ganze Zeit verbrachte ich mit der Beobachtung von Leuten, die sich für das Fest der Liebe vorbereiteten, als ich mich selbst auf den Weg machte, Geschenke für meine beiden Kinder zu besorgen. Ich ahnte, in welchen Geschäften ich Erfolg haben würde, und man kann nicht behaupten, daß es schwer war, etwas Passendes zu finden. Kinder haben ja noch

Herzenswünsche, und davon genug, und das hatte mich schon seit jeher beeindruckt. Nein, schwer war es wirklich nicht. Mir schien bloß wichtig, daß man auch das Alter der Kinder beachtete. Was sollte ein siebenjähriges Mädchen schon mit einer... he, Moment mal. In einem Schaufenster fiel mir unübersehbar eine Tischtennisplatte ins Auge. Sicher, für Berit war das noch nichts, aber für den Gerald. Er war schließlich schon vierzehn. Ich ging in den Spielzeugladen und ließ mich über Preis, Transport und Aufbau aufklären. Es war mal ein ganz anderes Geschenk. Ich war begeistert und ging gleich noch in den zweiten Stock, um auch etwas für meine Tochter zu finden. Neugierig durchstöberte ich alle Regale. Immer wieder war ich fasziniert von dieser farbigen Vielfalt an Stofftieren, Puppen, Spielen, Bällen, Quietscheentchen und und und. Ich entdeckte einen sehr schönen Puppenwagen und überlegte. War es nicht schon immer ihr sehnlichster Wunsch gewesen? Einen Moment stand ich zögernd vor dem Wagen, dann war ich fest entschlossen, beide Geschenke zu kaufen. So große Geschenke, rein vom Volumen her, hatten unsere Kinder noch nie bekommen, und ich war froh, etwas Besonderes gefunden zu haben. Mit der Verkäuferin machte ich einen Termin zur Lieferung aus und wanderte, treibend von der winterlichen Kälte, zurück zum Auto.

Ich wollte nicht gleich nach Hause fahren und entschloß mich, erst einmal meinem Mann von meiner Errungenschaft zu berichten. Wir hatten abgemacht, daß ich die Weihnachtsbesorgungen mache, da er sehr viel mit dem Bau unseres neuen Eigenheims beschäftigt war. Zehn Jahre hatten wir in der Stadt gelebt und nun genug Geld zusammen, unsere eigenen Wände aufzustellen.

Ein Schneesturm kam auf und nahm mir fast gänzlich die Sicht. Ich fuhr hinaus aus der Stadt in unser nahgelegenes zukünftiges Dorf.

Zufrieden erzählte ich meinem Mann von meinen Einkäufen, und plötzlich fragten wir uns, wo wir eigentlich in unserer kleinen Wohnung einen Puppenwagen und eine Tischtennisplatte unterbringen wollten. Ich war wie vor den Kopf geschlagen. Daran hatte ich nicht einen Moment gedacht. Meine ganzen schönen Vorstellungen von einem gemütlichen Heiligen Abend drohten zu zerrinnen. Ich hatte immer nur unser zukünftiges und großräumiges Heim gesehen, in dem ein ganzes Dutzend solch riesiger Geschenke Platz hätten. Grübelnd fuhren wir nach Hause.

Es war drei Wochen später, am 24. Dezember. Ich traf mich mit meinem Mann wieder in den noch kahlen Räumen unseres Hauses. Es war sehr gemütlich. Fenster und Türen waren schon darin, aber der Boden war noch nicht ausgelegt, die Wände waren nackt und kalt, und in den Ecken lagen Backsteine, Zementreste und Glaswolle.

Wir fegten den Dreck zur Seite und bauten eine provisorische Sitzecke aus Brettern und Campingstühlen. Für Wärme sorgte ein Heizlüfter. Eine kleine Tanne im Topf, die im Frühling in unseren Garten gepflanzt werden sollte, schmückten wir mit Christbaumschmuck und Süßigkeiten. Damit es auch etwas zum Auspacken gab, legten wir unseren Kindern noch ein paar Kleinigkeiten unter den Baum. Nun war alles fertig.

Wir fuhren zurück in unsere Wohnung. Am Abend zogen wir uns warme und strapazierfähige Sachen an. Aufregung stellte sich ein. Am Bescherungsort angekommen, zündete ich die Kerzen an unserem kleinen bescheidenen Baum an. Gerald und Berit bekamen große Augen. Sie stürzten sich mit vollem Eifer auf die nicht zu übersehbaren Geschenke. Ich war gerührt und erfreute mich an dem Anblick eines außergewöhnlichen Weihnachtsfestes.

Natürlich mußte sofort ein Tischtennismatch ‹Alt gegen Jung› ausgetragen werden. Wir liefen um die Platte und hatten mächtig viel Spaß. Tischtennisbälle schossen durch die Gegend, der Puppenwagen wurde durch alle Räume geschoben. Hier konnte ja nichts kaputtgehen. Nie zuvor hatte ich ein temperamentvolleres Weihnachtsfest erlebt.

Draußen fiel in dicken Flocken der Schnee.

Nachdem der erste Eifer vorüber war, alle Geschenke ausgepackt waren und jeder zufrieden zwischen seinen Geschenken saß, nahm mein Mann seine Gitarre zur Hand, und wir sangen aus voller Kehle die Liste der Weihnachtslieder hoch und runter.

Auf einem Gaskocher zelebrierte ich mehr schlecht als recht ein Käsefondue. Doch dieser Abend schien so unverwüstlich, daß selbst das Essen nicht beanstandet wurde.

Die Stimmung war einmalig, und wir genossen alle den unter doch ungewöhnlichen Umständen begangenen Weihnachtsabend. Vor allem Gerald und Berit. Sie wunderten sich nicht über den kleinen Weihnachtsbaum oder das Essen auf dem Gaskocher. Auch nicht über die Campingstühle oder den dreckigen Boden und die kahlen Räume. Man hatte sich beschenkt und gefreut, hatte gesungen, gegessen und das Fest der Liebe gelebt.

Wolfgang Niemeyer

✗ Weihnachten in Kopenhagen

Es gibt bestimmt schönere Dinge, als an einem 24. Dezember im Hafen von Puttgarten auf die Fähre nach Dänemark zu warten. Alle Welt feiert Weihnachten, trifft sich in den Familien oder besucht alte Freunde und Bekannte. Zum Glück war das bei mir ja etwas anderes, ich hatte im Moment keine feste Freundin und war an diesem Weihnachtsabend von niemandem aus meinem Bekanntenkreis zu einer besinnlichen Feier eingeladen worden. Deshalb hatte ich mich am Vortag bereit erklärt, für meine Firma einige wichtige Zoll- und

Frachtpapiere nach Kopenhagen zu bringen. Schließlich mußte das Geschäft ja weitergehen, auch wenn Weihnachten war.

So fuhr ich am Mittag dieses festlichen Tages mit der Fähre über die Ostsee nach Rødbyhavn und anschließend weiter auf der Straße E 47 in die dänische Landeshauptstadt. Es regnete ein bißchen, und ich war fast der einzige Mensch, der auf dieser Straße unterwegs war. Ich nahm mir vor, den Abend ganz unsentimental zu gestalten. Erst mal die Arbeit erledigen, damit die Lkws losfahren konnten. Die Fahrer hatten ja auch nicht gerade fröhliche Weihnachten. Sie sollten eine größere Menge von nur begrenzt haltbaren Tiefkühlwaren nach Osteuropa bringen und konnten natürlich nicht bis nach dem Fest warten. Verträge sind Verträge, dachte ich bei mir, sonst wäre ich ja jetzt wohl auch nicht in dieser gottverlassenen Gegend unterwegs.

Endlich hatte ich Kopenhagen, diese, wie der Dichter Hans-Christian Andersen einmal gesagt hat, «wundervolle» Stadt, erreicht. Gerade zur Weihnachtszeit ist es hier wirklich besonders schön. Die Dänen sind in dieser Hinsicht noch verrückter als die Deutschen; es gab kaum ein Fenster in den vielen großen Häusern, das nicht mit Tannenzweigen und Lichterketten geschmückt war. Die Stadtverwaltung hatte bestimmt die Hälfte ihres Jahresetats für das weihnachtliche Herausputzen der Straßen verwendet. Geblendet von soviel Glanz, wurde ich doch etwas schwermütig. Das Schlachthofviertel am Bahnhof hatte ich schnell gefunden, die Übergabe der Papiere ging ohne weiteres über die Bühne, und nun stand ich da: ganz alleine in dieser großen Stadt am Heiligen Abend. Meine Aufgabe hier war erledigt. Ich hätte also wieder nach Hause fahren können, aber schließlich hatte meine Firma mir ein Hotelzimmer für die Nacht bestellt, und ich hatte auch keine Lust, noch einmal sieben Stunden auf der Autobahn zu verbringen. Mein Hotelzimmer war klein, aber sehr sauber. In einer Ecke stand ein Tannenbaum aus Plastik, an dem rote Elektrokerzen eher traurig als besinnlich stimmten. Ich blickte durch das Zimmerfenster auf die «Vesterbrøgade», eine Einkaufsstraße in der Innenstadt. Jetzt war sie menschenleer, nur ein einsamer Linienbus brachte die letzten Pendler zu ihren Familien.

Es war mittlerweile Abend geworden. Im Haus gegenüber sah man die Lichter der Tannenbäume und die Kinder und Erwachsenen, die sich um den Baum herum aufstellten und Lieder sangen, Geschichten erzählten oder Geschenke auspackten. Ich legte mich auf das Hotelbett und las in der Tageszeitung, die ich mir in Puttgarden gekauft hatte. Da stand etwas vom Frieden auf Erden, von Stunden der Besinnung und des Glücks. Schließlich hielt ich es in der Enge des Hotelzimmers nicht mehr aus. Ich nahm die Zeitung, ging auf die Straße und suchte eine Kneipe, wo ich in Ruhe ein Bier trinken und mich selbst bedauern konnte. Weihnachten einsam zu sein ist wirklich nicht gerade toll. Ich fand ein kleines Restaurant, setzte mich hinein und trank ein «Tuborg». Aus versteckten Lautsprecherboxen erklang das Lied «Sailing» von Rod Stewart, auch nicht gerade der Muntermacherhit schlechthin. Ich dachte an Silvester: Bei kaltem Büffet, Sekt und Tanz im vertrauten Freundeskreis würde mich eine Party mit allen Schikanen erwarten.

Plötzlich tippte mir jemand auf die Schulter. Ich drehte mich um. Eine Dänin stand vor mir, etwas älter als ich, sehr nett aussehend. Sie lachte mich an und fragte in englischer Sprache, was denn ein Deutscher am Heiligen Abend ganz allein in Kopenhagen macht. Dabei deutete sie auf die Zeitung. Daran hatte sie also meine Nationalität erkannt. Ich erzählte ihr von meinem Beruf, und dann log ich, daß es mir überhaupt nichts ausmachen würde, Weihnachten so weit weg von zu Hause unter fremden Menschen zu verbringen. Ist ja schließlich mal was anderes als die ewigen Familientreffen bei Kaffee und Kuchen und gedämpfter Musik. Sie nickte und sagte, daß sie eigentlich sehr traurig wäre, Weihnachten allein zu sein. Deshalb sei sie auch in dieses Restaurant gegangen, da würde einem die Einsamkeit nicht so bewußt. Wir unterhielten uns über eine Menge Dinge, und ich mochte diese Frau immer mehr, weil sie so ehrlich und geradeheraus sagte, was sie bewegte. Um 22 Uhr machte das Restaurant zu, und sie lud mich ein, mit ihr zu kommen und in ihrer Wohnung noch ein bißchen Weihnachten zu feiern. Freudig nahm ich das Angebot an.

Sie wohnte in einem gemütlichen Appartement. Ein großer Kachelofen verströmte bald anheimelnde Wärme, und Kirsten, so hieß die Dame, bereitete uns beiden einen Glühwein zu. So habe ich also in jenem Jahr doch noch richtig Weihnachten gefeiert. Kirsten schrieb mir später einmal, daß es eines ihrer schönsten Weihnachtsfeste gewesen sei. Im Nachhinein empfinde ich das genauso.

Ich blieb zwei Tage länger als geplant, und Kirsten zeigte mir das «wundervolle» Kopenhagen, so wie ich es noch gar nicht kannte, mit seinen Kanälen und den idyllischen Plätzen an der Ostseeküste, wo wir ausgedehnte Spaziergänge unternahmen und den Schiffen am Horizont hinterherblickten.

Als ich schließlich am Abend des 26. Dezember an der Reling auf der Fähre zurück nach Puttgarden stand, war ich ein wenig bedrückt, weil die Festtage so schnell vorbeigegangen waren. Morgen würde der Arbeitsalltag wieder beginnen mit seinen Terminen und Besprechungen. Ich dachte an Kirsten und die Worte, die sie mir zum Abschied gesagt hatte: «Weihnachten zusammen mit einem lieben Menschen zu verbringen ist das schönste Geschenk, das man vom Christkind bekommen kann.»

Helmut Rathke
... wieder Schnee

Wie sich die Zeiten doch gewandelt haben, dachte Opa Johannsen, während er seine Enkel beim Spielen beobachtete. In seiner Jugend wäre es undenkbar gewesen, am Heiligen Abend so herumzulaufen, wie seine Enkel Thomas und Sven – in ihren kurzen weißen Hosen, den T-Shirts, Söckchen und Sandalen. Ein wahrlich sommerlicher Anblick, würde nicht der geschmückte Tannenbaum daran erinnern, welcher Tag heute war.

Vorsichtig lockerte Opa Johannsen seine Krawatte – ihm war plötzlich sehr warm geworden. Im Gegensatz zu seinen Enkeln und Kindern, ließ er es sich nämlich nicht nehmen, das Feierliche dieses Tages durch das Tragen eines dunklen Anzuges zu unterstreichen – wie seit jeher. Sein Sohn Michael war gerade ans Fenster getreten und schaute hinaus. «Wo soll das bloß hinführen», stieß er mißmutig hervor, «– schon nach 19 Uhr, und das Außenthermometer zeigt immer noch 23 Grad – heute am Heiligen Abend.»

Michael hatte wie zu sich selbst gesprochen, und doch, die Angst und Hoffnungslosigkeit in seiner Stimme ließ die Kinder plötzlich ihr munteres Spiel unterbrechen. Gespannt und zugleich ein wenig ängstlich schauten sie zu ihrem Vater, der immer noch aus dem Fenster blickte. Mit starrem Gesichtsausdruck beobachtete er nun die Vögel im Apfelbaum des Vorgartens.

«Selbst die Zugvögel begeben sich nicht mehr auf ihre Reise», brummte er, «diese Wärme – diese immerwährende Wärme!»

«Aber Papa, 's war Weihnachten doch immer so... jedenfalls fast so warm», meinte der kleine Sven.

«Du hast keine Ahnung», kehrte Thomas sogleich seine Überlegenheit als älterer Bruder heraus, «früher war es sehr kalt an den Weihnachtstagen – nicht Opa?» Ohne eine Antwort abzuwarten, fuhr er fort: «...da trugen die Menschen dicke Kleidung, Fellmützen und Handschuhe, um nicht zu frieren... und Eis und Schnee gab es damals!»

«Schnee», warf Sven ungläubig ein, «den gibt's doch nur in Bilderbüchern und im Fernsehen.»

«Quatsch, den gab's – das ist nämlich gefrorener Regen –, Opa hat es mir selbst erzählt», erregte sich Thomas, «stimmt's Opa?»

«Ja, das ist richtig», kam die prompte Antwort von Opa Johannsen. «Früher, vor vielen Jahren gab es wirklich im Winter Schnee und häufig auch zum Weihnachtsfest.»

«Erzähl doch mehr über den Schnee und den Winter», bat Sven. «O ja, Opa – bitte!» stimmte Thomas zu.

Opa Johannsen lehnte sich in seinem Sessel zurück und begann mit seinen Erinnerungen.

«Nun ja, für uns Kinder war es jedesmal ein herrliches Erlebnis, wenn der erste Schnee fiel und die Welt in ein wunderbares Weiß hüllte. Wir tanzten dann vor Freude und konnten es kaum erwarten, daß sich auf dem Boden eine Schneedecke gebildet hatte, die es zuließ, mit dem Schlitten darauf zu fahren. Wir suchten uns Hügel zum Rodeln und kneteten den Schnee zu Bällen, mit denen wir uns bewarfen und uns wahre Schlachten lieferten. Doch dieser Schnee, der uns Vergnügen bereitete, wurde manchmal zum Überdruß für die Erwachsenen, die dann Mühe hatten, die Straßen und Gehwege von diesem gefrorenen, glatten Naß zu befreien. Aber Schnee – zu Weihnachten –, das war dann auch für die Erwachsenen eine besondere Freude, die zur Steigerung der festlichen Atmosphäre beitrug. – weiße Weihnachten, vor Frost knirschender Schnee, die warme Weihnachtsstube mit dem herrlichen Duft des Tannenbaumes – das ergab wirklich eine wunderbare, festliche Stimmung. – Übrigens kam zu jener Zeit manchmal noch der Weihnachtsmann mit einem Pferdeschlitten und brachte den Kindern...»

Ein schrilles Geräusch – das Geräusch einer Autohupe – schreckte Opa Johannsen plötzlich aus dem Schlaf. Nur langsam ließ ihn die bedrückende Zukunftsvision seines Traumes in die Realität zurückkehren. Irritiert fixierte er das Wohnzimmer, das für die Bescherung des Heiligen Abends festlich hergerichtet und in dem er in Erwartung seiner Kinder eingeschlafen war.

Ein weiteres Hupen ließ ihn spontan zum Fenster eilen, wo er gerade noch sah, wie seine Kinder aus dem Wagen stiegen und ihm fröhlich zuwinkten. Er rieb sich noch einmal kopfschüttelnd die Augen – und dann war er hinweggeweht, jener böse Traum, und machte nun einer tiefen Freude Platz – in Erwartung des gemeinsamen Festes mit seinen Kindern. Aber in diesem Moment war da noch etwas, das sein Herz vor freudiger Erregung schneller schlagen ließ. Es hatte nämlich begonnen, ganz leicht zu schneien. – Seit einigen Jahren wieder Schnee am Heiligen Abend. Hatte die Natur die so späten Bemühungen der Menschheit doch angenommen, sich mit ihr zu versöhnen?

Welch wunderbarer Heiliger Abend, der nun mit seiner winterlichen Pracht neue Hoffnung bescherte – Hoffnung für die Zukunft und für alle Weihnachtsfeste, die noch kommen werden.

Renate Reit

✚ Die rotlackierte Nähmaschine

Es war ein paar Jahre nach Kriegsende und bald wieder Weihnachten. Meine Mutter entwickelte in dieser Zeit großes Talent, Sachen zu tauschen. Bei uns wurde im Herbst stets ein Schwein geschlachtet, davon bot sie so manches Stück zum Tausch an für Kleidung und Spielzeug für uns drei Kinder.

So bekamen wir meistens einen Herzenswunsch erfüllt. Mutter verstand es gut, uns auch in der schlechten Zeit und trotz der vielen Arbeit, sie pflegte auch die Großeltern, ein schönes Weihnachtsfest zu verschaffen. Unvergeßlich ist auch der Glühwein, den wir am Heiligen Abend trinken durften, der so schön duftete und uns erwärmte.

Da mein Vater als Maurer im Winter oft arbeitslos wurde, war Geld immer knapp. Aber manchmal haben meine Eltern ein Schwein verkauft, von dem Geld wurden wichtige Dinge angeschafft.

Ich war etwa zehn Jahre alt, da geschah etwas Einmaliges. Meine Eltern entschlossen sich, in die nächste Großstadt zu fahren und Weihnachtseinkäufe zu machen. Da ich einen neuen Mantel benötigte, durfte ich mit. Ja, ich, die Jüngste, was für ein Ereignis!

Die Bahnfahrt war nur kurz, trotz der schweren Bombardierung gab es schon wieder viele Geschäfte und auch Kaufhäuser. Zwischen meinen Eltern ging ich durch die Straßen und bestaunte die weihnachtlich dekorierten Schaufenster. Ich konnte mich gar nicht satt sehen, die vielen Menschen, die großen Geschäfte und dieser Duft, es war aufregend. Und in den Kaufhäusern, diese Spielsachen und Kleider und und und...

Einen Mantel für mich hatten wir schnell gefunden, ein wunderschöner, auf Taille geschnitten, hinten leicht angekraust, in hellbraun. Leider habe ich ihn viel zu selten getragen, nur sonntags, und nach dem zweiten Winter paßte er nicht mehr, da bekam ihn meine Cousine. Was meine Eltern sich kauften, weiß ich nicht mehr. Nun ging es zu den Spielsachen. Meine Augen wurden immer größer, was es da alles gab. Ich schaute und schaute, dann sah ich sie, eine kleine Kindernähmaschine. Ich vergaß alles um mich herum. Mein Herz schlug höher, so etwas zu besitzen, wäre mein Traum. Sie war rotlackiert, hatte eine kleine Handkurbel und nähte richtig Stoff zusammen. Meinen Eltern mochte ich meinen

Wunsch gar nicht sagen, sicher war sie viel zu teuer. Ich konnte mich kaum von ihr trennen. Mutter nahm meine Hand: «Komm Renate, wir müssen noch etwas besorgen.» Zögernd, immer wieder zurückblickend, folgte ich ihr. «Wo ist Papa, wir haben ihn verloren.»

«Nein, nein, er kommt gleich nach.»

Sollte er etwa doch...?

Meine Spannung hielt an bis zum Heiligen Abend. Da stand die Nähmaschine leuchtend rot unter dem Weihnachtsbaum. Glücklich bedankte ich mich bei meinen Eltern.

Clemens Richter

Seemanns-Weihnacht in Frisco

23. Dezember 1980, morgens. Containerfrachter «Wellington» auf der Reise von Seattle nach San Francisco – schweres Wetter von vorn. In triefendem Ölzeug und wassergefüllten Gummistiefeln versuchen wir Matrosen uns auf dem tanzenden Deck zwischen Lukendeckeln und Containern zu halten und gleichzeitig zu arbeiten: Container nachlaschen. Metallisches Kreischen und Ächzen, wenn die Stapel von drei, vier übereinandergestauten «Kisten» schwanken und zentimeterweise in ihren Stahlfüßen hin- und herrutschen, dazwischen donnerndes Einsetzen des Vorschiffs und Wasserfälle niederprasselnder Gischt, die uns durchtränkt.

23. Dezember, nachmittags. Coffeetime in der Mannschaftsmesse ist schon lange vorbei, aber der Bootsmann läßt uns sitzen, die Stühle an die Stahlaugen im Fußboden gezurrt, Ellenbogen auf der Tischplatte, Kaffeetopf und Mukken festhaltend. Die Deckslladung und alle Container sind nachgelascht, abgeklemmte Fingerkuppen und eine Platzwunde am Kopf hat es gekostet. Auf den Kleiderhaken

trocknet langsam schwingend das Ölzeug. Wir selbst rutschen wie eine Partie schlecht gelaschter Ladung auf unseren Hosenböden hin und her. Die üblichen Themen: Arbeit, Frauen, wilde Landgänge... zum 175tenmal auf dieser Reise durchgehechelt, aber heute irgendwie mit weniger Gelächter und Begeisterung als sonst. Dabei immer wieder schmetternde Schläge von vorn, wenn das Schiff in die grauen Riesenseen einhaut und das darauf folgende Schütteln, daß der Kaffee aus den Mucken spritzt, wenn die Schraube des Achtzehntausendtonnenfrachters hinten aus dem Wasser kommt und wirkungslos durch die Luft mahlt. Das Schiff macht kaum noch Fahrt voraus, hält sich mit halber Kraft gegen die anrollenden Seen. Und es sind nur noch 150 Meilen bis Frisco – aber bei der Geschwindigkeit...? Heiligabend im Hafen – wir glauben nicht mehr daran.

24. Dezember, 15 Uhr. Schwer schlingernd pflügt die «Wellington» durch die quereinrollenden graugrünen Wasserberge. Alle paar Minuten zerplatzt krachend der Kamm einer brechenden See am Vorschiff. Als weiße Wolke steigt dann die Gischt empor und verhüllt für Augenblicke das ganze Deck. Aber die «Wellington» macht wieder Fahrt, zehn Knoten schon, die Gewalt des Sturmes ist gebrochen. Als ausguckhaltender Matrose stehe ich an der rotierenden Klarsichtscheibe und starre voraus ins aufgewühlte Grau. Ich denke an die Zeitverschiebung und überlege, daß sie jetzt zu Hause gerade aus der Mitternachtsmesse kommen.

Der Wachoffizier hat auf dem Radarschirm bereits die typische Einbuchtung in der scharf abgezeichneten Felsküste Kaliforniens ausgemacht, da sehe ich plötzlich schemenhaft Land voraus!

24. Dezember, 16.30 Uhr. Rot und gigantisch schwingt die Golden Gate Brücke über den Schornstein der «Wellington» hinweg, ein paar letzte Roller heben spielerisch das Heck des Schiffes, dann weitet sich vor uns die schützende Frisco-Bay. Backbord voraus liegt die Gefängnisinsel Alca-

traz und an Steuerbord im warmen Nachmittagslicht eines
durchbrechenden Sonnenstrahls, übereinandergetürmt und
verschachtelt, die alten malerischen Häuserblocks und
modernen glasschimmernden Wolkenkratzer, durchschnit-
ten von den steilen Straßen – San Francisco. Wir haben es
doch noch geschafft!

24. Dezember, 20 Uhr. Stille Nacht, Heilige Nacht. Wir
stehen im Mittelschiff der kleinen Lutherkirche in San
Francisco und singen das uns allen bekannte und doch so
ungewohnte Lied – auf amerikanisch. Ein paar von uns
sind der Einladung des deutschen Seemannspastors gefolgt,
nicht viele. Keiner von uns ist besonders fromm, die Kon-
fessionen mögen verschieden sein, Fernandez aus La Co-
ruña ist Katholik, doch hier fühlen wir uns unseren Eltern,
Frauen, Freundinnen, Kindern zu Hause nah. Wie Sterne
flimmern die Kerzen auf der mächtigen Douglastanne neben dem Altar, Lametta und bunte Glaskugeln glitzern
zwischen künstlichem Schnee. Der Chor schwillt an, die
Orgelmelodie schwingt sich in die Höhe des Kirchenschif-
fes, wie getragen von der aufsteigenden warmen Luft Hun-
derter Kerzenflammen. Am Fuße des Baumes, geborgen
im Zwielicht der Tannenzweige das Bild des Friedens: die
Heilige Familie mit dem Kind in der Krippe, drumherum
die Menschen und Tiere ... in der Fremde finden wir in
dieser Nacht ein Zuhause.

Monika Rohn

Das Weihnachtswunder

Dies ist eine Geschichte, die man sich ein paar Tage vor
Weihnachten erzählen kann, wenn mal wieder die Hochs gegen die Tiefs ankämpfen, der warme Fönwind ums Haus

heult und man trotzdem am warmen Kachelofen sitzt und grad nichts Besseres zu tun hat, da die Geschenke schon eingepackt sind und man darauf wartet, daß Joachim ein Loch durch die Decke bohrt – nur ein ganz kleines, hoffe ich – wegen der Kabel für das Satellitenfernsehen.

Es ist die Geschichte von einem beherzten, kühnen Mann, der vor nichts zurückschreckt, und zwei mutigen Jungs, die ebenfalls nicht zu den Bangebüchsen gehören. Es ist aber auch die Geschichte einer nicht ganz so forschen, sagen wir ruhig ängstlichen Hausfrau, die in diesem Fall ganz froh ist, daß sie im Haushalt tätig sein muß.

Es ist eine Woche vor Advent. Es werden viele Kartons mit Lichterketten vom Boden und Gott weiß woher geholt. Zwei, vier, sechs, acht, zehn ... ich mag sie gar nicht alle zählen. Der Strommesser, oder so etwas Ähnliches, wird geholt, und der Chef des Hauses checkt alle Ketten durch. In weiser Voraussicht hat er sich Ersatzbirnen mitgebracht, und er klebt und hantiert, bis alle Ketten, wieder seinen Vorstellungen entsprechen und brennen – ich meine, leuchten. An diesem Tag vermeide man tunlichst, den Chef dieser Aktion anzusprechen oder ihm zu nahe zu treten. Am besten man tut so, als wenn man das gar nicht bemerkt, und auf die Fragen: «Da war doch noch... Ich hatte doch noch...» halte man wohlweislich Isolierband und Schere bereit. Ein unverständliches Murmeln und Grunzen ist der Dank.

Bei diesem Akt durfte ich ja noch als Statist mitwirken. Aber beim nächsten Akt bin ich vollkommen im Wege. Kurz vor dem ersten Advent, der Chef hat sich extra Urlaub genommen, startet die große Aktion. Diese Aktion nenne ich Weihnachtswunder, weil es immer wieder ein Wunder ist, daß meine «drei Männer» wohlbehalten und ohne Schrammen von dieser Aktion zurückkehren.

Die Helfer müssen zunächst alle Leitern von der Nachbarschaft holen, die verfügbar und nicht im Einsatz sind. Etwas übertrieben, meistens reichen die von «Onkel Erwin». An diesem Tag, wenn die Ketten in den Baum sollen, ist meistens das schlechteste Wetter des ganzen Jahres, fest abonniert. In diesem Jahr war es eisig kalt, und überall war Rauhreif. Mit zwei, drei Hosen und Pullovern bekleidet, begann das Team den Aufstieg. Es war zwar nicht die Eiger-Nordwand, aber so eine Tanne hat auch ihre Tücken. Die Äste biegen sich bei der Kälte und brechen leicht. Jetzt beginnt die Perfektion eines Profis. Es ist wie eine Zeremonie: Jede Kerze muß an ihrem Platz sitzen, die Abstände müssen regelmäßig sein. Ich werfe ab und zu einen Blick durch das Küchenfenster. Das Geschirrtuch fällt mir aus der Hand. Am äußersten Ende des Astes steht der Lüttche – ich wollte sagen Sebastian, weil er am leichtesten ist, dann kommt der Vatter etwas weiter am Stamm, und Alexander etwas höher.

Kette für Kette wird so in optischer Harmonie in den Baum eingereiht. Auch vor der obersten Spitze macht man nicht halt. Alles wird bedacht. Endlich ist das Werk vollbracht! Die Akteure stehen unten und reiben sich die Hände. Ganz oben in der Küche ist jemand, der tief durchatmet. Die ersten Nachbarn kommen, gucken, freuen sich und geben einen aus.

Ich denke im stillen, jetzt ist Weihnachten! Drinnen ist es ja die gleiche Perfektion, nur im kleinen, aber da kann ja keiner abstürzen!!!

Die Dezemberstürme rütteln und schütteln die Äste des schönen Baumes zwar gewaltig durch, aber er behält die Kerzen, als wolle er sagen: «Das ist meine Botschaft. Das ist meine Funktion. Ich bin hier eingepflanzt vor Jahren, um euch eine Freude zu bereiten und als Weihnachtsbaum zu dienen. Das will ich tun, solange ich es kann!»

Dieses Weihnachtsfest 1989 ist, von vielen Seiten her betrachtet, ein Fest der Hoffnung und Freude. Endlich ist die Zeit soweit, daß die Mauer zwischen Ost- und Westdeutschland nur noch eine Sammlerfunktion hat (die Amis

nehmen sich ein paar Stücke mit für ein paar tausend Mark).
Die Leute drüben und hier kommen sich näher. Das absurde
Regime der DDR verliert endlich seine Existenzgrundlagen.
Wie gerne hätte ich den großen Baum mit all den Lichtern auf
die Grenze der BRD und DDR gesetzt, und alle hätten die
gleichen Weihnachtslieder gesungen!

Lieber Gott, auch mir hast Du in diesem Jahr «ein Licht
aufgehen lassen» und Hoffnung gegeben. Ich danke Dir. Gib
uns allen Hoffnung, Licht und Freude.

Petra Senftleben

Der Neue

Unser Freund Christoph, der Patenonkel unseres Sohnes
Arne, pflegt ab und zu unsere Erziehung ein wenig zu korri-
gieren. Als Mathematiker hat er einen ausgeprägten Sinn für
Realitäten, und logisches Denken geht ihm über alles.

Seiner Meinung nach sollte man Kindern alle Dinge so erklären, daß sie diese in ihrer Umgebung wiederfinden können. Erzählt Christoph zum Beispiel das Märchen von Rot-
käppchen, so handelt es sich um einen kessen Teenager, der
auf dem Weg zu dem Seniorenheim seiner Großmutter durch
die Fußgängerzone geht. Leider trifft er auf Freunde, die ihn
überreden mit zu einer Demonstration gegen Fluglärm zu
fahren...

Vor ein paar Tagen kam Christoph kurz bei uns vorbei.
Am Nachmittag hatten wir die Zimmer weihnachtlich geschmückt. Arne hatte ein Mobile mit Sternen gebastelt. Nun
saß er auf dem Sofa und schaute sich ein Buch mit Weih-
nachtsgeschichten an. Ein Bild hatte es ihm besonders angetan. Zwischen Wolken jagte ein Schlitten dahin, voll bepackt
mit Geschenken, und auf dem Bock saß der Weihnachts-

mann: riesig groß mit weißem Rauschebart, rotem Mantel und roter Mütze, beides mit weißem Pelz besetzt.

«Du Christoph, kennst du den Weihnachtsmann? Hier ist er!»

«Mmhh!»

«Sieht toll aus, nicht? Und die vielen Geschenke!!»

«Auf dem Bild ist ja noch der Alte zu sehen. Heute kommt ein anderer Weihnachtsmann.» Christoph sprach's, während er mir einen vorwurfsvollen Blick schenkte.

«Er sieht hier auch schon sehr alt aus.» Arne nickte verständig. «Nun darf der Neue den Rentierschlitten nehmen.»

«Mit einem Schlitten kommt der Weihnachtsmann nicht mehr», belehrte Christoph sein Patenkind.

«Sicher hat er ein Auto mit Glitzersternen!» Arnes Augen blitzten. Glitzersterne waren im Kindergarten momentan der letzte Schrei.

«Nein, nein!» wehrte Christoph ab. «Wo sollte er denn in der Weihnachtszeit einen Parkplatz finden? – – – Natürlich kommt er mit 'nem Fahrrad.»

«Mit 'nem Fahrrad?» So hatte Arne sich das nicht vorgestellt. «Ja, was denkst du? Das ist viel besser für die Luft. Er muß fast an jedem Haus anhalten, und gerade beim Anfahren kommen soviel giftige Gase aus dem Auspuffrohr.»

«Wie der Briefträger.» Arne war sichtlich enttäuscht.

«Genau! Mit dem Briefträger ist es das gleiche.»

Christoph lächelte zustimmend. Es sah so aus, als klopfe er sich selbst auf die Schulter. Er hält große Stücke auf seine pädagogischen Fähigkeiten.

«Aber die vielen Geschenke? Wie nimmt er die denn mit?»

«Der Weihnachtsmann muß sowieso mehrmals fahren. Außerdem hat er einen Fahrradanhänger, und die großen Pakete schickt er mit der Post.»

«Wir haben auch Pakete bekommen. Mutti hat sie auf den Schrank gelegt», meinte Arne zustimmend.

«Siehst du!!»

Christoph lehnte sich zufrieden zurück. Arne betrachtete erneut das Bild.

«Der rote Mantel ist bestimmt schön warm, wie meine neue Jacke!»

Daraufhin rührte sich Christophs Widerspruchsgeist erneut.

«In diesem roten Zeug würde sich der Weihnachtsmann garantiert erkälten. Das ist alles Plunder aus Plastik. Du kannst solche Mäntel in jedem Kaufhaus kriegen, zum Verkleiden!»

«Was hat der Weihnachtsmann dann an?» Arne hatte langsam genug von Christoph.

«Er trägt Sachen aus dicker Wolle. Eine große Strickjacke oder einen dicken Pullover, dazu Mütze und Schal.»

«Mmhhh!»

Arne legte das Buch auf den Tisch und holte seine Autokiste.

Eine Woche später waren wir auf dem Wochenmarkt, um Kartoffeln und Mohrrüben am Stand eines Biobauernhofes zu kaufen. Die junge Bäuerin hatte diesmal Verstärkung von einem jungen Mann mit lustigen blauen Augen und schwarzen Locken. Er trug einen dicken Norwegerpulli mit eingestrickten Sternen. Im Schal und in der Mütze wurde das Muster wiederholt.

Arne zupfte an meinem Mantel: «Mutti, das ist er bestimmt. Der Neue!!!»

Sie sehen also, wir kennen den Weihnachtsmann persönlich – den Neuen!!

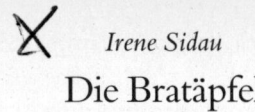

Irene Sidau

Die Bratäpfel

An einem sehr kalten Wintertag, kurz vor dem Weihnachtsfest 1924, wollten meine Eltern mit dem Handwagen beim Kohlenhändler Steinkohle holen. Steinkohlen waren damals schwer zu bekommen, und wenn ein Händler eine Lieferung erhalten sollte, verbreitete sich die Nachricht rasch, und man mußte sich stundenlang dafür anstellen. Sonst nahmen meine Eltern mich auch mit, aber dieser Winter war einfach zu kalt, um mit einem Kleinkind so lange Zeit in der Reihe anzustehen.

Zuerst rückten sie mein weißes hölzernes Gitterbett, das mein Vater selbst gebaut hatte, dicht an den Kachelofen im Schlafzimmer. Der Ofen strahlte eine wohlige Wärme aus. Vor das Bett rückten sie eine Bank mit einem Becher Milch darauf und darunter ein Töpfchen, damit ich alles in Reichweite hatte.

Meine Mutter legte meine Lieblingspuppe Gitta neben mich ins Bett, deckte uns beide zu und sagte: «Sei schön brav, turne nicht rum, wir kommen bald wieder. Bleib im warmen Bettchen!»

Ich versprach alles. Da es hell war, hatte ich keine Angst und glaubte auch, daß sie bald wieder zurück sein würden.

Nun wurde noch die kleine Petroleumlampe, die meine Mutter vorsorglich schon angezündet und deren Docht sie niedrig gestellt hatte, weit nach hinten auf die Kommode gerückt, so daß ich nicht ranreichen konnte. Sie zogen beide warme Mäntel an, banden dicke Wollschals um Kopf, Hals und Ohren und zogen Fausthandschuhe an. Noch ein Streichen über mein Haar und ein Küßchen von beiden mit der erneuten Versicherung, sie würden bald wieder bei mir sein, so verließen sie die Wohnung.

Alleingelassen, beobachtete ich zuerst den in dicken Flok

ken rieselnden Schnee hinter den Doppelfenstern. Wenn ich mich reckte, konnte ich sehen, wie er auf das Waschhaus und auf den Hühnerstall im Garten eine immer dickere Haube häufte.

Aber langsam wurde mir das zu langweilig.

Die Wohnungstür war abgeschlossen – das wußte ich. An Entdeckungsreisen außerhalb der Wohnung war also nicht zu denken. Auch in die Küche konnte ich nicht, und außerdem hatte ich ja versprochen, im Bett zu bleiben.

Ich stand im Bett auf und sah mich um, ob da etwas zu sehen war, was für Puppe Gitta und mich zum Spielen geholt werden konnte. Da war wirklich nichts in Reichweite. Plötzlich fiel mein Blick auf etwas Goldblitzendes – das war die Messingtür der Warmhalteröhre, in der sich das Licht der Petroleumlampe spiegelte. Diese Tür war viel zu hoch angebracht, daß ich sie sonst erreichen konnte, aber nun stand mein Bett ja an einem anderen Platz. Das machte mich neugierig – was mochte hinter der blanken Tür verborgen sein?

Ich sah einen Riegel, den man zum Öffnen wohl hochschieben mußte. Wie aber da rankommen? Auf Zehenspitzen balancierend, versuchte ich in mehreren Anläufen ihn millimeterweise hochzuschieben. Immer wieder mußte ich mich mit aller Kraft hochrecken. Plötzlich gab es einen Knack, der Riegel sprang auf und – darin erblickte ich einen Teller, auf dem rotbraune, knusprige Bratäpfel gestapelt waren, die herrlich dufteten. Hungrig war ich auch schon längst.

Nach einer kurzen Verschnaufpause versuchte ich erneut, auf Zehenspitzen balancierend, einen davon zu erreichen. Mein Kopf war heiß und rot von der Anstrengung, und es sah fast so aus, als sollte alles vergebens gewesen sein.

Da, endlich hatte ich einen Stengel zu fassen bekommen und zog den Bratapfel zu mir ran. Geschafft! Mit Appetit aß ich ihn auf.

Inzwischen war es draußen schummrig geworden. Nachdem ich eine Weile mit meiner Gitta gespielt hatte und immer noch allein war, versuchte ich, noch einen Apfel zu erreichen. Dazu stellte ich einen Fuß auf das Kopfteil des Bettes, das am Ofen lehnte. So gelang es mir, noch zwei Äpfel zu erwischen, und ich aß, bis ich satt war.

Aber Essen macht müde. Dem Schneetreiben konnte ich auch nicht mehr zusehen, denn draußen war es nun dunkel, und mir fielen die Augen zu. Im Schein der kleinen Petroleumlampe mit ihrem sanften Licht schlief ich langsam ein.

Die Kerngehäuse der Äpfel muß ich mitgegessen haben. Es gab keine verräterischen Abfälle; die kleinen Stengel müssen wohl irgendwo zwischengefallen sein. Die Röhrentür war auch angelehnt, und meine Eltern merkten bei ihrer späten Heimkehr nichts. Sicher waren sie froh, ein glücklich schlafendes Kind vorzufinden.

Am nächsten Morgen fragte meine Mutter mich: «Na, haben dir die Bratäpfel geschmeckt?»

Strahlend bejahte ich.

In der nächsten Nacht hörte ich dann, wie meine Eltern berieten, ob man mich bestrafen müsse, weil ich ohne zu fragen die Äpfel aus der Röhre genommen hatte. Meine Mutter meinte: «Das Kind war aber so lange allein, da ist ihr bestimmt langweilig gewesen. Und wir hätten wissen müssen, wie erfinderisch sie sein kann.»

So nahm mich mein Vater am anderen Morgen auf den Schoß und sagte liebevoll, daß man nicht einfach etwas nehmen dürfe, ohne zu fragen, und daß ich eine kleine Strafe dafür bekommen müsse.

So gab es dann zu jenem Weihnachtsfest für mich keine Bratäpfel mehr. Und sie waren in dem Jahr eine Kostbarkeit.

Barbara Schellbach

Max und Fritz und der Schnee

Die Sonne setzte sich auf dem Berg gemütlich zurecht und machte sich daran, ihre Strahlen auszupacken.

Fritz räkelte sich, und es dauerte eine ganze Weile, bis sich auch sein letzter Zweig den Schlaf aus den Augen gewischt hatte. Fritz vermißte seine alten Blätter. Er hatte sich so an sie gewöhnt. Aber es tröstete ihn, was er da in seinem Inneren rumoren fühlte. Aus Erfahrung wußte er, was da im Frühling – wie jedes Jahr – Herrliches mit ihm passieren würde.

«Frühling, ja», sagte sich Fritz, «aber jetzt ist Winter, und der hat auch viel für sich.» Er schaute an sich hinunter und sah, daß es letzte Nacht wieder geschneit hatte. Die Puderzuckerhäubchen auf seinen Ästen und Zweigen waren noch größer geworden. Das versprach wieder einen aufregenden Tag auf der Wiese. – «Hallo, Max», rief Fritz seinem langjährigen Nachbarn und besten Freund zu, «Max, bist du wach?» – «Sicher bald», brummte Max zurück, «wenn du so weiter schreist!» Das war das morgendliche Ritual zwischen den beiden, und Fritz mußte lächeln. Es würde noch eine ganze Weile dauern, bis Max ansprechbar war. In dieser Zeit hing Fritz in Ruhe seinen Gedanken nach. Er dachte an die unzähligen Tage und Nächte, die er hier schon erlebt hatte. Wie viele Vögel hatten bisher in seinen Zweigen ihre Wohnungen gebaut; wie viele Käfer waren an ihm hinauf- und hinuntergekrabbelt, daß er es vor Kitzeleien kaum noch aushalten konnte! Wie viele Menschen, große und kleine, hatte er beobachten können – in allen Jahreszeiten. Manche schlenderten Arm in Arm an ihm vorbei. Dann wieder purzelten winzige Menschenwesen ausgelassen durch die Wiese, oder es legte sich jemand zum Ausruhen an seinen Stamm. – Und den Himmel nicht zu vergessen: das unendliche Blau, die Wolken als Verwandlungskünstler, mal fast stillstehend, mal vorbeirasend, als hätten sie eine äußerst wichtige Verabredung. Nein, Fritz war es bisher keinen Tag seines Lebens langweilig gewesen.

An diesem Wintermorgen stand die Sonne schon sehr hoch. Fritz schaute in die Ferne und entdeckte auf der hügeligen weiten Schneefläche kleine schwarze Punkte. «Aha», dachte er, «sie kommen schon!» Er stellte sich genüßlich zurecht und wartete ab. Rufe hallten herüber: «Dort hinten, bei den großen alten Bäumen ist ein prima Hügel.» – «Ja, tatsächlich, da bekommen wir ordentlich Fahrt. Wollen wir die Schlitten zusammenbinden?» – «Gute Idee! Los, ihr Transusen dort hinten, beeilt euch mal ein bißchen!» Durch den Lärm wurde Max nun auch endgültig wach. Die beiden machten es sich gemütlich, tranken gemeinsam mehrere Tassen Schnee, schauten dem Treiben zu, schlossen Wetten ab, welches Kind zuerst am Ziel eintreffen würde, beobachteten interessiert die Skiläufer; kurz und gut: Sie amüsierten sich prächtig.

Plötzlich ein Aufschrei. Was war passiert? Ein Junge, der bäuchlings auf seinem Schlitten lag, hatte mit ihm eine gefährliche Geschwindigkeit erreicht. Es schien, als würde er die Kurve nicht mehr bekommen; und so steuerte sein Schlitten genau auf Max und Fritz zu. Oben an der «Todesbahn» – denn so nannten die Kinder mittlerweile scherzhaft ihren Hügel – hörte man nur noch entsetzte Schreie. – Max und Fritz hatten die Situation sofort erkannt, warfen ihre Schneetassen weg und schauten sich nur kurz in die Augen. Im nächsten Moment schüttelten beide – wie auf Kommando – wie wild ihre Baumkronen, so daß eine riesige Ladung Schnee herunterfiel. In diese weiche Mauer sauste der Junge und blieb somit unverletzt. Als er sich aufrappelte, sich die Flocken aus dem Gesicht gewischt hatte, schaute er mit großen Augen voller Dankbarkeit zu Max und Fritz empor.

Seit diesem Erlebnis sahen die Kinder die Bäume mit ganz anderen Augen. Sie waren für sie fortan nicht nur zwei mächtige Stämme, die im Sommer eine grüne und im Winter eine weiße Krone trugen, sondern sie waren für sie dicke Freunde geworden, mit denen sie sich oft unterhielten.

Für einen unbeteiligten Menschen, der das Fühlen verlernt hatte, bot das Bild nichts Besonderes.

Dieser Mensch sah einfach nur zwei Bäume und ein paar schlittenfahrende Kinder.

Leni Schultz-Berndt

Das verlorengegangene Vögelchen

Am Weihnachtsmorgen, alle schliefen noch, ging ich leise ins Weihnachtszimmer. Ich war noch nicht einmal angezogen, aber es war noch warm vom Kachelofen. Es roch nach Lebkuchen und Äpfeln, auch nach dem Tannenbaum.

Weil er so hübsch aussah, stellte ich mich mit Grete, meiner Lieblingspuppe, mit der alten, ohne Haare, vor den Tannenbaum. Ich wollte ihr die bunten Kugeln, zwei silberne Vögel, die hoch im Baum hingen, und die goldenen Nüsse zeigen, vor allen Dingen aber die beiden weißgekleideten Englein mit den Flügeln aus echten Federn, die hoch oben in der Spitze schwebten und sich manchmal bewegten.

Ich stand vor dem Christbaum und wartete darauf, daß eins von den Engeln zu mir herunterfliegen würde, weil ich ihn doch so gern gehabt hätte. Aber ich konnte noch so sehnsüchtig hinaufblicken, er rührte sich nicht. So wollte ich ein bißchen nachhelfen, holte mir eine Fußbank und zupfte an dem Zweig, den ich gerade erreichen konnte. Das Englein zitterte wohl ein wenig, blieb aber am Zweig hängen. Statt dessen flog einer der kleinen Vögelchen auf den Fußboden.

Eine silberne Kugel fiel gleich mit herunter und zerbrach in winzige Teilchen.

«In der Weihnachtszeit müssen alle Kinder hübsch artig sein», so sagten alle Leute.

Das fiel mir ein, und ich bekam einen großen Schreck. Ich schubste mit meiner Fußspitze Vogel und Kugelstücke unter den Geschirrschrank, ganz weit nach hinten, legte mich auf den Bauch und half mit der Hand noch etwas nach. Da hinten würde der Weihnachtsmann die Sachen ja niemals finden!

Es war nach Silvester, Großchen vermißte im Tannenbaum das Vögelchen.

«Hast du ihn gesehen?» fragte sie meine Mutter. Mutter hatte ihn nicht gesehen, keiner hatte ihn gesehen.

Ich wußte, wo er am Weihnachtstag hingekommen war, aber ob er da noch war, das wußte ich nicht. –

Zeitig im Frühjahr war Großreinemachen. Es war noch recht kalt und ungemütlich. Das Schlafzimmer der Großeltern kam zuerst an die Reihe. Das dauerte den ganzen Tag, und ich war überall im Wege. Am nächsten Tag war das Wohnzimmer dran.

Ich erinnere mich, als Großvater und Else, die manchmal bei uns half, den schweren Eichenschrank von der Wand rückten, daß Großmutter rief: «Da ist er ja!»

Ich stand sofort neben ihr und guckte auf den Silbervogel mit dem langen Schwanz aus Golddraht, der hinter dem Fuß des Schrankes an der Fußleiste lag. Großmutter dreht sich um und fragte erstaunt: «Wie mag der wohl dahingekommen sein?»

Großvater hatte keine Ahnung, Else noch viel weniger. Nur ich wußte es, doch ich blieb still.

Plötzlich sagte sie zu mir: «Weißt du auch nicht, wie das Vögelchen dahingekommen ist?» Und als ich nichts erwiderte: «Du hast ihn doch nicht dahin geschoben?»

«Doch, er kam aber ganz alleine runter.»

Daß ich eigentlich den Engel haben wollte und etwas nachgeholfen hatte, brauchte ich ja nicht zu sagen.

«Und warum hast du ihn versteckt?» wollte Großchen wissen.

«Ich hatte Angst, wenn der Weihnachtsmann das gemerkt hätte, hätte er sicher meine Spielsachen abgeholt und anderen Kindern gebracht.»

«Vielleicht», meinte sie und lachte.

Warum sie mich wohl gerade gefragt hat?

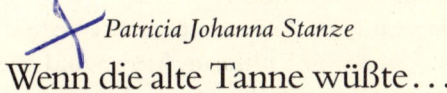 *Patricia Johanna Stanze*

Wenn die alte Tanne wüßte...

Drei Jahre war sie jetzt schon alt.

Kein hohes Alter für eine Tanne, aber die kleine Tanne war stolz darauf und fühlte sich schon sehr erwachsen. Sie konnte inzwischen über die Gräser und Blumen schauen, die zu ihren Füßen wuchsen, und sah viele andere Tannen, die mit ihr zusammen auf einem großen, mit einem hohen Zaun umgebenen Grundstück standen. Wozu dieser Zaun diente, das verstand die kleine Tanne nicht. Es würde doch wohl keine von ihnen auf die Idee kommen, wegzulaufen. Es war doch so schön hier.

So stand sie an ihrem Platz und freute sich ihres jungen Tannenlebens. Und dann war es wieder soweit.

Sie hatte schon lange bemerkt, daß es empfindlich kalt wurde, besonders in den Nächten. Und am Morgen war ringsumher alles wie verzaubert und mit einem zarten weißen Schleier überzogen. Einmal war dieser Schleier so dick, daß sie die Erde nicht mehr erkennen konnte. Sie hörte das leise Knirschen unter den Pfoten eines Kaninchens, das durch die Schonung lief, und erinnerte sich schwach daran, dies alles schon einmal erlebt zu haben.

Und dann kamen sie, die Menschen, und sie gingen durch die Reihen der Tannen, betrachteten kritisch den einen oder anderen Baum, zwängten sich zwischen den Zweigen hindurch, die mit einem unhörbaren Seufzer wieder zurückschnellten, als wollten sie sich hilfesuchend aneinander festhalten.

Diesmal blieb einer der Menschen direkt vor ihr stehen und sah sie lange, und wie sie meinte, liebevoll an. Sie fand ihn lustig mit seinem beinahe gelben Haar, das sogar sein Gesicht bis auf ein kleines Stück bedeckte. Freundliche Augen blitzten dazwischen auf.

Sie wollte ihm gefallen und reckte ihre Äste stolz in alle Richtungen. Der Mensch nickte zufrieden und ging fort.

«Schade», sagte da die alte schiefe Tanne neben ihr, «irgendwie mochte ich dich.»

Verständnislos schaute die kleine Tanne zur Seite.

«Wieso? Magst du mich nun auf einmal nicht mehr?»

«Ach, Kleine, weißt du denn nicht, was gleich passieren wird? Sie werden dich festhalten, dir vielleicht sogar einige Äste knicken und deinen Stamm über den Wurzeln absägen. Danach sperren sie dich in ein Netz und bringen dich fort, so wie sie es mit allen schönen Tannen tun.»

Die kleine Tanne blickte ängstlich zu den Menschen, die überall herumliefen.

«Wohin bringen sie uns? Was machen sie mit uns? Tut es wohl weh?»

«Das weiß ich nicht. Mich wollte ja noch niemand, weil ich so schief gewachsen bin. Aber ich glaube... nein, vielleicht ist es gar nicht so schlimm...»

Die kleine Tanne fürchtete sich und wäre am liebsten wieder ganz klein und unscheinbar gewesen. Der Mensch mit dem gelben Haar kam mit einem zweiten Menschen an, der ein seltsames Gerät trug. Damit stach er in die Erde unter der kleinen Tanne und hob sie mitsamt ihren Wurzeln hoch. Täuschte sie sich, oder atmete die alte schiefe Tanne erleichtert auf?

Aber sie hatte keine Zeit mehr, sich darüber Gedanken zu machen. Sie wurde emporgehoben und wippend durch die Schonung getragen bis zu einem dieser bunten, lauten, rollenden Kästen, die sie immer von weitem beobachtet hatte und die sich von selbst zu bewegen schienen.

Vorsichtig stellte der Mensch sie dort in einen rotbraunen Topf, der sich angenehm anfühlte und gut roch. Wie gebrannte Erde.

Und obwohl sie Angst hatte, fühlte sie sich irgendwie wohl.

Es ruckte – und dann sah sie Bilder so schnell vorbeirasen, daß ihr davon ganz schwindelig wurde. Als sie wieder zu sich kam, stand sie in einem wunderschönen hellen Raum.

Neben dem ihr schon bekannten Menschen stand ein weiterer Mensch mit sehr langen Haaren, der ebenso freundlich aussah wie der erste. Die beiden hielten sich an der Hand und lächelten die kleine Tanne an.

«Nach Weihnachten kommt sie zu den anderen in den Garten», sagte der eine. Der andere nickte stumm. Und obwohl die kleine Tanne nicht verstand, was das bedeutete, war sie auf einmal sehr zuversichtlich und wußte, daß sie noch viele schöne Tage erleben würde. Diese beiden Menschen würden ihr nichts Böses tun.

Glücklich reckte sie ihre Zweige und wünschte, die alte Tanne könnte sie jetzt sehen ...

Loretta Thielke-Wollenberg

Von der Hoffnung

Gleich, wenn man die große, breite Steintreppe hinaufkam, stand am Anfang des langen weißen Ganges ein Tannenbaum. Jedes Jahr stand er in der Weihnachtszeit an diesem Platz. Und jedes Jahr hat er mich auf seine stille Weise erneut in seinen Bann gezogen. Die weit ausladenden Zweige, die großen roten Kugeln, die im Schein der Kerzen warm glänzten und das holzgeschnitzte Christuskind mit Vater und Mutter gaben mir wenigstens in der Weihnachtszeit ein bißchen Geborgenheit, die mir sonst in dieser kahlen, weißen Einöde so fehlte.

In den letzten Jahren verbrachte ich meine Sonntagnachmittage fast immer auf einem Stuhl, der hier auf diesem Gang stand. Nur in den Adventswochen stand der Baum neben mir. An diesen Nachmittagen fertigte ich kleine Handarbeiten, die entweder als Weihnachtsgeschenke Verwendung fanden, oder sie dienten, wie in diesem Jahr, mir zur Freude. Eine Menge Perlgarn hatte ich in meinen Lieblingsfarben erstanden und freute mich darauf, in ein paar Wochen mein Puppenhaus mit einem selbstgestickten Teppich schmücken zu können.

Der lange weiße Gang war durch eine große Glastür in zwei Teile geteilt, an der Tür hing ein Schild «Kindern unter vierzehn Jahren ist der Zutritt verboten.» Ich war zwölf, und so wartete ich Sonntag für Sonntag auf diesem Stuhl, wenn Mutti den Vati besuchte; selten erlaubte ihm sein Gesundheitszustand, ein paar Wochen im Jahr bei uns zu Hause zu verbringen. Zur Weihnachtszeit war das Warten anders als sonst. Die Ruhe und Wärme, die vom Baum ausgingen, nährten Jahr für Jahr die gleiche Hoffnung, manchmal saß ich da, schaute in das warme Kerzenlicht und betete: «Lieber Gott, mach, daß Papis ‹Werte› zu Weihnachten so niedrig sind, daß er ein paar Tage zu uns nach Hause darf.»

Manchmal kamen die Schwestern, es waren Nonnen, da es ein katholisches Krankenhaus war, und unterhielten sich mit mir, ich kannte fast alle.

An diesem Sonntag interessierte sich eine von ihnen, die ich weniger mochte, für meine Handarbeit; als sie sich verabschiedete, legte sie ihre Hand auf meine Schulter und sagte ganz leise: «Du hast ja immer noch deine Mutti.»

Warum sagt sie das, dachte ich, was soll denn so etwas heißen? Plötzlich bekam ich Angst, plötzlich war eine große Unruhe in mir, wie ich sie nie zuvor erlebt hatte – ich wickelte die Sticknadel und das bunte Perlgarn in meinen halbfertigen Teppich, aus dem er erst viele Jahre später wieder befreit werden sollte.

Papi war tot, sollte es heißen, aber – was heißt das denn? Es hieß, daß ich den Tannenbaum nie wieder sehen sollte und daß es keine Hoffnung mehr gab, die er mit seinem warmen Licht hätte nähren können; es hieß, daß Mami und ich nun Weihnachten immer allein sein würden.

Und da saßen wir nun fünf Tage später, der Tannenbaum war schon gekauft, also wurde er von uns stumm und liebevoll geschmückt. Papi hätte es sicher so gewollt, hatte Mutti gesagt.

Es war Heiligabend, ich packte meine Geschenke aus, Papi hatte für Mutti und mich im Krankenhaus noch einen Kettenanhänger emailliert, der hing nun an meinem Hals, und Papi war ganz nah bei mir.

Das Essen auf dem Tisch wurde kalt, keiner von uns brachte einen Bissen herunter. Sonst war der Heilige Abend immer so kurz, heute schien er viel mehr Stunden zu haben als die vergangenen Jahre.

Lange saßen wir stumm nebeneinander auf dem Sofa, und ich kann nicht mehr sagen, wie es kam, daß plötzlich der Fernseher lief, eine von uns muß wohl auf den Knopf gedrückt haben. «Mach ganz leise», sagte Mutti, «was sollen sonst die Nachbarn denken.»

Nun saßen wir da und schauten in das Fernsehgerät, ein dicker Kloß steckte uns im Hals, wir wagten kaum zu schlukken, kaum zu atmen. «Wir haben doch den Papi nicht weniger lieb, auch wenn wir jetzt dort hineinschauen», ging es mir durch den Kopf. Es blieb nicht viel Zeit darüber nachzudenken, vom Bildschirm herunter hielt «Willi Winzig» Einzug in unser trauriges Zuhause, und plötzlich lachte es aus mir heraus, es lachte ganz von selbst, und Mami lachte auch neben mir, ganz leise, damit die Nachbarn nicht glauben sollten, wir hätten unsern Papi nicht furchtbar lieb gehabt. Papi hat auch immer so über den Heinz Erhard lachen müssen, dachte ich plötzlich, und daß es toll sein muß, wenn jemand so traurige Leute wie uns zum Lachen bringen kann, und daß ich wohl Schauspielerin werden möchte. Und wenn ich mich recht erinnere, strahlte unser Weihnachtsbaum in seinem allerwärmsten Licht, aber so ganz sicher bin ich mir natürlich nicht mehr.

Ilse Vahl

Und es gibt ihn doch

«Und es gibt ihn doch!» Wie zur Bekräftigung ließ sich die vierjährige Ille mit hörbarem Plumps auf ihrem Stuhl am Mittagstisch nieder. «Typisch Kleinkind. Glaubt tatsächlich noch an das Märchen vom Weihnachtsmann!» Das war der große Bruder Detel, siebenjährig und überhaupt allwissend. Die Eltern sahen sich leicht erschrocken an. Wenn der Große schon aus dem Märchenalter herausgekommen sein sollte, na ja, das ließ sich wohl nicht mehr ändern – die Schulkameraden «klärten» sich gegenseitig auf – aber die Lütte! Ihr hätten die Eltern doch gern noch ein paar Jahre diese aufregende Begegnung mit dem *echten* Weihnachtsmann gegönnt.

Ille war nicht dumm, o nein! Sie hatte schon längst spitzgekriegt, daß es falsche, nachgemachte Weihnachtsmänner gab, die mit dümmlichen Pappmasken und Wattebart die Kinder an der Nase herumführten. Aber sie *kannte* doch den wahren Weihnachtsmann! Er kam jedes Jahr am Heiligen Abend, wenn es draußen dunkel wurde. Mutti knipste dann *nicht* die gemütliche Eßtischlampe an wie sonst, sondern stellte nur den Adventskranz mit den vier brennenden Kerzen auf den Tisch mit den Worten: «Da, wo der Weihnachtsmann wohnt, kennt man kein elektrisches Licht, und weil er doch schon sehr, sehr alt ist, mögen seine Augen den grellen Schein der Glühbirnen nicht.»

Ille erinnerte sich genau, wie der Weihnachtsmann – der *echte* – aussah: Er hatte einen langen braunen Mantel an mit weißem Fellbesatz (so wie das Fell der Kaninchen vom Onkel Mohr nebenan), schwarze, schwere Stiefel trug er (Papi hatte ganz ähnliche), auf dem Kopf eine große, rote Zipfelmütze, der Stoff sah so aus wie die Fahne, die man manchmal raushängen mußte (die von Illes Eltern war eigentlich etwas kleiner geworden vor zwei Jahren. «Vom Regen eingelaufen», meinte Mutti). Ja, und der schöne, lange, weiße Bart! Das war *keine* Watte! Als neulich am Waschbecken unten ein Knie erneuert wurde, da hat der Klempner doch tatsächlich ein paar Weihnachtsmannhaare drumgewickelt; «Das hält ewig», sagte er abschließend. Ille wußte sofort, wieso.

Also, so und nicht anders sah der *echte* Weihnachtsmann aus, klar! Aber Illes Argwohn war doch ein klein bißchen erwacht:

«Nun sag bloß mal, *warum* glaubst du nicht an den lieben Weihnachtsmann?!» fragte sie den großen Bruder. «Weil ich im letzten Jahr Papis Manschettenknöpfe unterm Mantelärmel beim *Weihnachtsmann* gesehen habe!» Dabei sah der große Detel triumphierend – und doch ein Zehntel Frage im Blick – zum Vater hinüber, dem gerade in diesem Moment die Gabel vom Tisch fiel, die umständlich aufgehoben werden mußte. Auch Illes Blick schnellte zum Papi hin – zehn Zehntel Frage. Mutti redete – wie so oft: «Aber natürlich gibt es den Weihnachtsmann! Laß ihn bloß nicht deine Zweifel hören! Und solche Manschettenknöpfe, wie Papi sie hat, gibt es haufenweise auf der Welt, schon ganz lange; was du daran erkennen kannst, daß sie oben aus Perlmutt gemacht sind. Perlmutt ist doch Muschelschale; ihr wißt ja selber, daß Muscheln schon vor den Menschen am Strand waren!» Für Ille alles klar, für Detel auch so ziemlich klar. Er würde diesmal ganz besonders scharf aufpassen.

Endlich der Heilige Abend! «Wann kommt er denn nun?» «Gleich», sagte Mutti, «er hat doch keine Armbanduhr.» Da! Wieder, wie in jedem Jahr, das laute Stampfen der Stiefel vor der Tür. Klopfen. «Herein!» Und da kam er – nein: Er trat – ins Zimmer, imponierend, aber freundlich. Die Rute in zwei Teile aufgeteilt (für jedes Kind ein Teil?), den Sack mit den Nüssen in der Hand. *Beide* Kinder hatten hochrote Köpfe bekommen. Nach dem ersten Schreck wagte auch Ille, auf die Ärmel zu gucken – ha! Pulloverärmel! Wie schön! «Und was hat mir da ein Engelchen zugeflüstert?» Ernst sah der Alte auf den ganz kleinen Detel. «Du kannst nicht an mich glauben? Hier, ein Beweis: Ich schütte diese Walnüsse aus, eine davon hab ich in Marzipan verzaubert, such mal!» Staunend grapschte der Große sich die süße Nuß, die genauso aussah wie die anderen. «Aber nun noch ein Beweis», fuhr er fort und griff in die Rute. Schreckerfüllt zuckten beide Kinder zusammen. «Keine Angst!» beruhigte der Alte sie. «Hier habe ich einen Zweig verzaubert, du kannst darauf beißen, er schmeckt zuckersüß.» Tatsächlich! Der Siebenjährige hatte nun genauso glückliche Augen wie die kleine Schwester.

Zufrieden zog der Weihnachtsmann davon; das Süßholz vom Bruder Walther aus Hamburg hatte seine Wirkung nicht verfehlt.

Und es gibt ihn doch!

Die Ille, das war ich!

Michael Walter

Winterspaziergang

Heutzutage geschehen nicht mehr allzuviele ungewöhnliche Ereignisse in der Weihnachtszeit.

Mit der voranschreitenden Zivilisation schwanden der Weihnachtszauber und all die Begegnungen mit sogenannten Weihnachtsgeistern und -erscheinungen, die noch vor 150 Jahren in der schönsten und zugleich geheimnisvollsten Zeit des Jahres durchaus vorkamen.

Aber auch heute noch geschehen vereinzelt Dinge, die den Menschen beweisen, daß es den Weihnachtszauber noch gibt.

Es war vor gut einem Jahr, irgendwo in Norddeutschland, wenige Tage vor Weihnachten, als es zu einer unheimlichen Begegnung während eines Spaziergangs kam. Der Winter hatte bereits seinen Einzug gehalten und zeigte sich, gleich zu Beginn seiner Regimezeit, von seiner rauhen Seite. Zuerst war die Luft noch mild, und es regnete. Dann aber sanken die Temperaturen so rasch weit unter den Gefrierpunkt, daß die Nässe zu Eis gefror. Schließlich begann es zu schneien. Es schneite unaufhörlich. Tage- und nächtelang. Bis die Stadt und ein weiter Teil des Landes unter einer dicken, glitzernden Schneedecke lag.

Die herrliche Pracht lockte zu einem Winterspaziergang. Aber das Betreten der Wälder war nicht ungefährlich. Überall konnten Äste dem Druck des auf ihnen liegenden Eises nachgeben, brechen und so eine Gefahr für Spaziergänger werden. Im Radio und in den Zeitungen häuften sich Warnungen, die Wälder vorerst nicht zu betreten. Die meisten Menschen hielten sich daran. Wer es dennoch wagte, einen ausgedehnten Fußmarsch durch die weiße, puderzuckerartige Winterwaldlandschaft zu unternehmen, mußte mit allem rechnen.

Es gab jemanden, der mit allem rechnete. Ein junger Student hatte sich das Vergnügen nicht nehmen lassen und betrat, trotz der stetigen Warnungen, den verschlafen wirkenden Stadtwald.

Es begann bereits zu dunkeln.

Überall leuchteten aus Vorgärten Christbaumkerzen auf und flimmerten noch etwas durch die ersten Bäume des Waldes, bevor selbiger sie zu verschlucken schien, da, je tiefer der Student in den Stadtwald drang, die Lichter der Stadt und der unzähligen kleinen Christbaumlämpchen vor seinen Augen verschwanden. Es war, als hätte der Wald zwischen ihm und den Lichtern eine Tür aus Bäumen geschlossen.

Wie gesagt, der Student rechnete mit allem. Aber nicht damit, daß ihm ein Mann, der in der Mode des 18. Jahrhunderts gekleidet war, begegnen würde.

Aus einem Nebenweg bog er ab auf den Hauptweg, auf dem sich auch der junge Student hielt. Dort trafen sich die beiden. Es war noch nicht völlig dunkel. So konnte der Student den Mann noch ganz gut erkennen. Er kniff die Augen zusammen, öffnete sie wieder und glaubte, einer Täuschung zum Opfer gefallen zu sein. Er hatte sich immer für einen Realist gehalten; das, was er nun erlebte, warf sein Weltbild völlig über den Haufen.

Der Mann, der aus dem Nebenweg getreten war, sah aus, als käme er direkt aus dem Jahre 1750. Er trug eine weißgepuderte Rokokoperücke, weiße Beinkleider, dunkle Kniebundhose, Schnallenschuhe und Mantel. Alles an ihm war reinstes Rokoko.

Dem Studenten wurde es unheimlich zumute. Trotz der Kälte fing er an zu schwitzen. War das ein Geist, der neben ihm herging? Es konnte nur einer sein, denn wer geht schon bei Minustemperaturen in solch einem Aufzug?

Eine Weile gingen die beiden Männer schweigend nebeneinander her. Seltsamerweise schien der Fremde den Studenten nicht zu bemerken. Wäre der Wald doch nur schon zu

Ende, dachte dieser. Er war normalerweise ein sehr schlagfertiger Mensch, aber hier getraute er sich denn doch nichts zu sagen.

Weit und breit war keine Menschenseele zu sehen; nur er und der Mann aus der «Vergangenheit».

Inzwischen war es ganz dunkel geworden. In dem Studenten stieg ein Gefühl der Angst hoch, wenn er daran dachte, ganz allein mit einem Geist durch den verschneiten Wald zu stapfen. Zum Umkehren war es mittlerweile zu spät. Der Rückweg wäre ebenso lang gewesen wie der Weg nach vorn, um aus dem Wald zu kommen. Also blieb dem Studenten nichts weiter übrig, als sich weiter neben dem unheimlichen Fremden durch den kalten Pulverschnee zu arbeiten.

Zwischen den beiden Männern herrschte noch immer Stille. Ja, im ganzen Wald war kein Laut zu vernehmen. Eine schier unerträgliche Spannung hielt den Studenten umklammert. Schließlich hielt er es nicht mehr länger aus und unterbrach die Stille mit einem Räuspern und setzte noch ein leises Hüsteln hinterher.

«Ja, jetzt ist wieder Erkältungswetter, nicht wahr?» sagte der Mann in der Rokokokleidung.

Der Student erschrak, als ihn der unheimliche Fremde ansprach; überwand sich aber und antwortete: «Da haben Sie recht. Aber ich bin nicht erkältet.»

«Nein?»

«Nein!» Himmel, ich gehe mit einem Geist im Wald spazieren und unterhalte mich auch noch mit ihm, das glaubt mir kein Mensch, dachte der Student.

Der Geist schien jedoch zu der gutartigen Sorte zu gehören, wenn es überhaupt einer war.

Ja, war es überhaupt einer? Die beiden Männer kamen jetzt auf eine Waldstraße, die auch von Autos befahren werden durfte und deshalb entsprechend beleuchtet war. Hier nun beobachtete der Student den «Geist» näher. Diesem schien die

Situation auch ziemlich unangenehm zu sein, da er den Studenten nie ansah. Auch während des kurzen Wortwechsels nicht.

Es folgte wieder eine Zeit des Schweigens. Schließlich überwand sich der Student und fragte: «Sind Sie ein Geist?»

Hier taute der Mann in der Rokokokleidung auf – soweit man bei der Kälte überhaupt von Auftauen sprechen konnte – und lachte. «Ein Geist? Ich? Sagen Sie bloß, Sie haben das die ganze Zeit geglaubt und sich gefürchtet?»

«Unheimlich war mir schon», gab der Student zu.

«Deshalb haben Sie mich also kaum angesehen», lachte der Fremde. «Es tut mir leid, mein Freund, ich muß Sie enttäuschen. Sie haben sich umsonst gefürchtet. Ich bin kein Geist. Ich bin Opernsänger.»

«Sie müssen, entschuldigen Sie, wenn ich das so sage, ein Exzentriker sein. Denn aus welchem Grund laufen Sie in dieser Verkleidung durch den Wald?» fragte der Student, dem ein Stein vom Herzen gefallen war.

«Wissen Sie», begann der Opernsänger, «ich habe mit ein paar Kollegen gewettet. Die Wette habe ich verloren und muß dafür in voller Kostümierung von zu Hause bis zum Opernhaus laufen. Da bin ich zwei Stunden unterwegs. Bei dieser Kälte ist das nicht gerade ein Vergnügen. Außerdem muß ich mich beeilen. In einer Stunde beginnt die Aufführung.

«Und warum waren Sie anfangs so schweigsam?» wollte der Student wissen.

«Weil mir die Situation unglaublich peinlich war», erklärte der Opernsänger. «Ich wollte möglichst mit niemandem ins Gespräch kommen. Also sagte ich nichts und fror vor mich hin. Ehrlich gesagt, ich habe Sie die ganze Zeit beneidet, weil Sie warme Winterkleidung tragen.»

Die beiden Männer blieben stehen, sahen sich zum erstenmal richtig tief in die Augen und lachten.

Gleich nach Weihnachten, mit all seinen Feiertagen, am

27. Dezember, lud der Opernsänger den jungen Studenten in die Opernaufführung ein, in der er die Hauptrolle sang.

Durch die Umstände ihrer ersten Begegnung wurden die beiden Freunde. Sie trafen sich oft.

Und in der Weihnachtszeit werden sie sich sicherlich immer an jenen Winterspaziergang wenige Tage vor Weihnachten erinnern.

Rolf Zimmermann

$1 - 1 = 2$ für den anderen

Vorweihnachtszeit. Ich fuhr zum Einkaufen in die Stadt. Als ich den Supermarkt unweit meiner Wohnung passierte, fuhr dort gerade ein Lkw mit Weihnachtsbäumen vor. Ich brauchte noch einen, aber keiner von den mir gezeigten entsprach meinen Erwartungen. Doch meine Unschlüssigkeit, neben meinem Willen zum Kauf, reizten den Weihnachtsbaumverkäufer vor allem, weil ich der erste Kunde war. Ich bekam seinen Spezialbaum, sein Ausstellungsstück. Blautanne, kugelförmig. Mein Baum bekam ein kleines längliches Plastikschild angehängt, welches mit einem Loch zur Befestigung und mit meinem Namen zur Identität versehen war und wurde auf den Lkw zurückgelegt. Ich wollte ihn mitnehmen, nachdem ich meine Einkäufe in der Stadt erledigt hatte.

Am dritten Weihnachtstag stand ich früh auf, es war wieder Alltag. Holte Brötchen vom Bäcker, frühstückte und begann, den Baum abzutakeln. Um 7.30 Uhr lag er draußen auf dem Rasen. Es war noch dunkel. Als es hell wurde, war er verschwunden.

Gegen halb zehn kam er wieder am Wohnzimmerfenster vorbei. Vom Wind getrieben, rollte er, wie ein Kugelbusch im Wilden Westen, über die Grundstücke von Nachbar zu Nachbar. Ein leichtes, weil die angrenzenden Grundstücke nicht durch Zäune, Hecken oder andere Hindernisse unterbrochen waren. Gegen Mittag, wir aßen gerade, kam unser Baum wieder vorbei. Kinder zogen ihn mit einem Schlitten. Nachmittags rollte er wieder.

Sein Aussehen war schon etwas in Mitleidenschaft gezogen worden. Die äußeren Äste waren schon blank. Man sah beim Rollen nur noch blankes Holz.

Als die ersten Bäume nach Neujahr sich auf den Terrassen zu ihm gesellten, war er der alte. Nach und nach guckten auch die Nachbarn nach dem Kugelbaum und schmunzelten, wenn sie ihn genauer angesehen hatten. Seine Kameraden rollten ja nicht, sie lagen friedlich auf den Terrassen der Anwohner und ließen sich einschneien.

Er aber war quirlig, bot dem Schnee keine Angriffsfläche, hatte sich abgenadelt und rollte, wie er wollte.

Bald wußte jeder, wem der Baum gehörte, der da rollte. Auch als meine Nachbarn ihre eigenen Bäume schon fortgeschafft hatten oder aber in ihren offenen Kaminen verbrannt hatten, rollte er noch immer. Als letzter interessierte sich mein unmittelbarer Nachbar für die nun fast nackte Blautanne. Um so erstaunter war er, als er feststellte, was alle wußten, nur er nicht, daß der Baum ihm gehörte, denn sein Name stand auf dem kleinen, länglichen Plastikschildchen, welches am Stamm des Baumes befestigt war.

Jörn ist der Weihnachtsmann

Das Kalenderblatt zeigt den 21. 12. 89 an. Alle Schulkinder in Schleswig-Holstein rüsten sich zum letzten Schultag vor den Weihnachtsferien. Das ist überall ein erwartungsfroher, freudiger Tag! So hat sich auch die Klasse 6 a in Kiel-Wik gemeinsam mit der Klassenlehrerin eine eigene Feierstunde zusammengestellt. Das Klassenzimmer ist mit Tannengrün und selbstgeformten Weihnachtsfiguren festlich geschmückt, geklebte Transparentbilder beleben die Fensterscheiben, und duftend frisches Weihnachtsgebäck steht vor den erwartungsfrohen Gesichtern.

Bis auf einen Schüler – Rainer, den Außenseiter – hatten alle Klassenkameradinnen und -kameraden eine Woche zuvor für den Julklapp gestimmt. Rainer wollte unter gar keinen Umständen daran teilnehmen. Bei den übrigen Schülern wuchs die Aufregung von Tag zu Tag. Viele konnten ihre Geschenkideen, die gereimten Verse oder gar die gezogenen Namen, nicht mehr für sich behalten.

Heute nun wird die Erwartung erfüllt. Die Feierstunde beginnt. Das kleine Weihnachtsspiel, «Die sieben Zwerge», ist gerade beendet und mit großem Beifall der Zuschauenden belohnt worden. Jetzt ist es soweit: Julklapp! Ein prickelndes Erwarten macht sich breit. Die Stimmung gleicht der einer echten Bescherung, da – poch – poch – poch – klopft es an die Klassentür! Herein stapft der Weihnachtsmann – Jörn (er ist am Tag zuvor in diese Rolle gewählt worden) – in einen roten Bademantel gehüllt, mit einem wallenden, weißen Wattebart, buschigen Augenbrauen und einem riesigen, dicken Leinensack über der Schulter schlurft er in das Klassenzimmer. Die Begeisterung ist riesig. Er spielt seine Rolle großartig! Florian wird zum gleichmäßigen, sauberen Erledigen der Hausaufgaben ermahnt, Thorsten darf in Zukunft nichts mehr vergessen. Marcus soll nicht ständig alles besser wissen, Manuela fehlt zu häufig, wenn eine Arbeit angekündigt wird, Benjamin und Steffi sollen weiter so aktiv im Unterricht mitarbeiten und Jörn – ja, wo steckt denn der Jörn heute? Die Klassenkameraden sind verdutzt! Das haben sie Jörn als Weihnachtsmann nicht zugetraut – eine tolle Idee – da vermißt er sich selbst! Aber einer wagt die Antwort: «Jörn ist unser Klassensprecher, er muß gerade noch einen Umlauf erledigen, er kehrt gleich zurück!» Der Weihnachtsmann ist zufrieden, jeder erhält ein bunt und liebevoll verpacktes Geschenk. Manchmal wird noch ein Gedicht aufgesagt, ein Weihnachtslied angesummt oder ein Erlebnis erzählt.

«Hat nun jeder ein Päckchen abbekommen?» will der Weihnachtsmann wissen. «Ja», klingt es aus allen Mündern. Sogar auf Jörns leerem Platz liegt ein großes Weihnachtspaket, das er bei seiner Rückkehr vorfinden wird! Niemand beachtet Rainer, der mit aufmerksamen, ernsten Blicken das Geschehen interessiert verfolgt. Rainer, als notorischer Schwänzer, blieb überwiegend der Schule fern, zeigte sich frech und herausfordernd im Unterricht, hatte keinerlei Interesse an einer Klassengemeinschaft, unterdrückte und beeinflußte die Kameraden mit Vorliebe. So ist es für alle ein Wunder, daß er heute der Feierstunde beiwohnt.

Der Weihnachtsmann winkt zum Abschied, wendet sich zur Tür – doch da dreht er sich betont langsam und erstaunt noch einmal zu den Schülern um, seine rechte Hand fährt in die Bademanteltasche, er sucht und zieht ganz überrascht noch ein kleines Päckchen heraus: «Da ist ja noch ein Geschenk, habe ich denn noch jemanden hier vergessen?» Er liest: «Rainer... steht hier! Natürlich, der Rainer gehört doch auch in die 6a, nicht wahr?» Der Weihnachtsmann geht auf Rainer zu und reicht ihm das Päckchen: «Du hast dich nicht gemeldet, wie konnten wir dich nur vergessen?» Verlegene Stille im Raum, der Weihnachtsmann «Jörn» geht. Jeder ist gleichsam beeindruckt. Die Klassenlehrerin überbrückt die

Verlegenheit: «Das war ein wundervoller Weihnachtsmann, der hat nicht nur Rainer, sondern auch mich überrascht. Doch nun laßt uns gemeinsam auspacken und feiern!»

Marika Bronisch

...as Gott dat will...

Mach's doch wie Pfarrer Assmann,
der macht's wie Bauer Nolte,
der machte, was er wollte!

Düssen Snack harr mien Grootmudder jümmers praat, wenn dor wat wöör, wat se nich verstahn kunn orrer wenn en Saak nich na ehr Mütz gung un se afsluuts keen Lost harr, dor lang und breet över to diskuteern. Batz – denn knall se us düssen Snack vörn Latz! Un denn wöör se dormit dörch. Man n' Hölp wöör dat nu wiß nich. Un ik? Ik mutt seggen, so recht harr ik domols nich wüss, wat dat nu warraftig to bedüden harr.

Man een Dags, dor harrn wi dat to föhlen kreegen, wat dat bedüden *kunn*, un dat harr sik allns an 'n Hilligen Obend af-speelt.

Is al lang her. Wöör in'e Tiet, as Grootmudder noch in Berlin wahnen dä un jümmers blots to Besöök kääm. Jümmers wöör dat n' grote Freid, wenn se dor wöör, wiel se so lostig wöör un jümmers 'n Snack op Loger harr. To un to schöön wöör dat an Wiehnachten, wiel se jümmers so veel mitbröch, besünners för us Kinner, verstaht sik.

Man, för de Bescherung an 'n Hilligen Obend gung dat jümmers ers na Kark. Dat müss so sien. Dat höört dorto, meen Grootmudder. Kiek, so 'n groten Dannenboom as in'e Kark harrn wi jo to Huus nich, un Wiehnachtsleeder singen, dat wöör ers so richtig fierlich, wenn de Orgel dorto speelen dä, dor kunn Vadder mit sien Vigelien to Huus nich gegenankamen.

Süh, un nu hockt wi dor op'e Karkenbänk un harrn grood sungen «Ihr Kinderlein, kommet, o kommet doch all...»

Paster Assmann, de ers 'n kort Tiet us Seelsorger wöör, heel den Gottesdeenst an düssen Hilligen Obend. Un dat wöör 'n rein'n Tofall, dat he jüst Assmann heeten dä. Jo, un nu harr he dat Hillige Book opslaan un wull anfang'n, de Wiehnachtsgeschicht vörtolesen.

Mag ween, dat grood düsset Leed vun'e «Kinner», dat wi jüst sungen harrn, so'n Indruck makt harr op mien lütt Broder, seker weet ik dat nich. Tominnst stünn he mit'n-mol op, un swupps – pees he na vörn to'n Paster un – wo gung't blots an – zippelt an sien swattet Kleed rüm. Dorbi keek he em so vun ünnen heel nieschierig an un fröög mit sien hell Stimm: «Du, segg mol, stimmt dat, dat du allns so maakst as Buer Nolte? Mien Oma vertellt dat jümmer un jümmerto.» Jungedi! So'n Snappsnuut! – De Paster stünn stief as 'n Soltsööhl, keek verbeestert grooduut, klapp sien Muul op as n' Fisch un schuult denn heel verdattert na ünnen.

De Lüüd, de op de Wiehnachtsgeschicht luurt harrn, reckt nu ehr Köpp un grient verwunnert. Wat wöör dat denn? Höört dat dorto? N' Infall vun den nien jong'n Paster? Jo, un de besinn sik nu endlich, wies mit sien Hand na boben, woneem an'e Deck vun'e Kark de grote Wiehnachtsstern lüchten dä, un meen heel fierlich:

«Ik maak jümmers allns so, as *Gott* dat will! Un nu sett di mol fix wedder dol, mien Jung!»

«Ha! Dat heff ik mi doch dacht!» rööp mien verdreihde Broder, man so luut, dat mien Öllern meist den Kopp introkken, Grootmudder in't Daschendook husten müss un ik an leevsten ünner de Karkenbank krööpt wöör. Ne, ne, ne ok ne! Wat'n Blamaasch! Dat wöör doch to un to dull mit den Kirl! Un sowat wöör nu mien Broder!

In düssen Ogenblick schees he wedder trüch un juucht as ni klook: «Sühst woll, Oma! Dat heff ik mi doch glieks dacht, dat dat ni stimmen deit mit Paster Assmann un Buer Nolte! Nu hest dat sülvst höört! Ik wull di dat blots mol wiesen!»

Mien Mudder wöör - vör Schoom – root anlopen as so'n Adventskerz, mien Vadder witt as dat Engelshoor an den groten Dannenboom – un ik? Ik steek de Dumens in'e Ohrlöcker, de anner Fingers heel ik as so'n Jalousie vör de Ogen.

Mit'n Rumms kääm Vadder nu hoog, kreeg den Arm vun sien Söhn to faaten, un dor stolpert wi ok alltohopen dörch dat Karkenschipp na'n Utgang to. Buten vör de Döör packt Vadder mien Broder bi de Schullern, schüddelt em as dull un dunnert los: «Segg mol, büst du mall worrn? Hest woll dien Schick nich, wa? Un dat an Hilligen Obend! In'e Kark! Wullt du uns all blameeren?»

Mien Broder fung luuthals an to hulen. Mien Mudder versöök em to begööschen un schluchzt nu ok: «Hol op, Vadder! Ik will keen Opregung an Hilligen Obend! Mi langt dat so un so al!»

Süh, un so harrn wi den Rest vun den Gottesdeenst nich mehr mitkreegen. Jo, un wat wöör mit Grootmudder? Se harr ehrn Scherm opspannt, wiel dat so liesen anfung to sneen, un wöör al vöruutstappt. –

Kiek, un vun düssen Obend an harrn wi *den* Snack vun Grootmudder nie nich mehr höört! Tominnst bi uns to Huus nich! Un se ist negenuntachentich Johr old worrn un harr ehr letzt Johren bi uns tobröcht.

Man – in dat lütte Book, wat ik ehr later mol schenkt heff – to Wiehnachten – för all ehr Snacks, de se jümmers op Loger harr, dor harr se an'e erste Stell warraftig düssen dummerhaftigen Snack schreven:

Mach's doch wie Pfarrer Assmann,
der macht's wie Bauer Nolte,
der machte, was er wollte.

Nu froog ik di: Segg mol, kannst du wat dormit anfang'n?

Hans-Werner Wilhelm

Wenn de Wihnachtsboom
vertellen kunn

Leewe Lüd! Hebt ji all mol doröber nodacht, wo lang dat
eegentlich duert, bit ut sunn ganz lütten Dannboom een önnigen Wihnachtsboom ward? Ne, na denn will ick ju dat man
mol verklorn. Söben lange Johrn duert dat gewiß, bit man to
di dat erste Mol Wihnachtsboom seggen kann.

So wer dat ock bi mi, bün nu acht Johr old, und stoh hier
mit'n ganzen Hupen Kollegen op sunn grotes Feld, 30 km
vun Hamborg wech.

Een gooden Dach, dat wern wull sunn veer Wecken vör
Wihnachten, köm de Besitzer mit een Wihnachtsboomhändler bi uns op den Acker an. De beiden hebbt uns erstmol richtig ünner de Lupe nommen, und dorbi ümmer blots vun
Geld snackt. De Besitzer möck denn Händler klor, dat he
nich blots all de besten Bööm kriegen kunn, ne, he müß ock
sunn nehm'n ass denn dor, und dorbi wies he mit sien Finger
jüss op mi.

De Schönste wer ich wiss nich, ne, dat kunn ick sülben
sehn, dat min Kollegen üm mi rüm veel beter wussen wern
ass ich, ober worüm schull ich nich ock mit min scheeben
Stamm een schön'n Wihnachtsboom affgeben. Mechmol
kummt dat doch blots op dat Smücken an, oder is dat bi de
Menschen nich jüss ock so?

Twe Doch loter köm de Händler mit'n poor Helpslüüd wedder. Se hebt uns eenfach mit'n scharbe Soch eben öber de Eer affsneden. Marken deen wi dor jo nich veel vun, wegens wi üm düsse Tied Wintersloop holt. Denn hebt se uns op een groten Lkw stopelt und no Hamborg föhrt.

Dor stünn wi nu op unsen Stand, jeden een vun uns krech een lüttes Priesschild in de Spitz, und müßen wi in de Küll op unse Köpers töben. Min Kollegen güngen wech wi warme Semmeln, mi ober, ne, mi wull keen een hemm. Jeder, de mi anfoten oder bekiecken de, hall wat an mi uttosetten. De een de meen, ick wer to krumm wussen, de anner meen, ick wer to breet, de drütte meen, dor fehln poor Tergens, ober öber een Deel wer'n se sick all tohopen eenich; ick wer för dat, wat ick vörzeigen de, veel, veel to düer.

Wenn ick snacken kunn, hall ick de Lüd dat wull verklort, dat se mi meist Tied doch all no Neejohr wedder ut de Stuuf sett, und dat dat denn jo wull nich so genau op ankummt, op ick nu poor Tergens mehr heff oder nich. Ober snacken kunn ick jo nich, ick müß mi alln's gefallen loten, wat se öber mi seggen deen.

Langsom wör ick immer truriger. Dree Doch vör Wihnachten heff ick denn ober doch noch min Köper funn. Dor köm een junges Ehepoor mit twee lütte Kinner. De Vadder sä to jümm: «Nu söckt ju denn Wihnachtsboom man sülben ut.» De beiden weern sick no'n kotte Tied eenich, und föten jüss mi so lies bi de Tergens an. De Händler krech sien Geld und denn nöhmen se mi mit no Huus. Junge, heff ick mi freut.

Denn Dach vör Hillich Obend hett de Vadder mi erst mol op sunn önnigen Foot stellt, wat ick man jo nich ümmkippen de, und denn krech ick denn schönsten Platz in de goode Stuuf. Na und denn hebt se mi noch mit alle Mann smückt, de halln mi rutputzt, vun dat Scheebe wer nix ober rein gornix mehr to sehn, dat könnt ji mi glöben.

Sunn ganzen schön'n Wihnachtsboom halln se ut mi mokt und ick wer bannich froh und glöf doch blots nich, dat vielich een vun min annern Kollegen een schöneren Wihnachten verleeft heff as ick.

Natur blifft eben Natur, dor mut man aff und to mol öber nodenken, wenn man een Wihnachtsboom köpen deit. Und denn gift dat ok noch Lüd, de könnt ut wat Scheebes noch wat Schönes moken, und dat hett jüss *mi* an dullsten freut, dat licht jo op de Hand, oder wat meent ji dor to.

Dat schönste Geschenk!

De Nordweststörm huel üm de lütte Kat, de sick an de Elv achter'n Dieck duken dee, und Floch op Floch vun den kolen Regen, in denn sick all de ersten Sneeflocken mischen dän, prasseln gegen de lütten Fensterschieben. De Klock wer eben fief, und buten wer dat so düster ass merden in de Nach.

Binnen in de Kat seet Mudder Meier an den schönen warmen Kacheloben und wer an't Strümp stricken, de Katt läch ehr to Fööt und snurr ümmer so eben vör sick hin, ass wenn se seggen wull: «Hier föhl ick mi to Huus.»

De beiden Jungs vun Mudder Meier, Hein und Lars, säten an den runden Stubendisch und wern an't «Mensch arger di nich» speeln. Alln's wer so friedlich und so gemütlich in de lütt Stuuv und doch stimm dor wat nich, denn ümmer wenn buten de Störm ophulen de, keken de dree sick ängstlich an.

Wo dat vun köm, wöllt ji weeten? Jümmen Vadder, Hermann Meier wer Seemann, und de wer nu bi düssen Störm irgentwo op See, und keen een vun jümm wüss wo, und se hall'n doch sunn Angst, dat emm wat possieren de.

De letzte Kort, de se vun emm kregen hall'n, de wer ut Rio de Janero und dor hall he opschreben, dat he dat nich genau wüß, op se dat dütt Johr schaffen dän, dat he endlich mol wedder Wihnachten to Huus mit jümm fiern kunn, und nich wie letztes Johr op See.

Greten Meier müß sick dor jo mit affinden dat ehr Mann Seemann wer, dat dä se jo ock, ober jüss nu to Wihnachten all wedder ohne emm, nee, alleen wenn se dor blots an denken dä, denn kullern ehr de groten Tronen langs de Backen.

«Ach Mudder, nu wees man nich trurig, Vadder hall doch schreeben, dat he dat nich genau wüß, viellich kummt he jo doch noch rechtiedich no Huus», sä de lütt Hein to ehr.

Jo, Greten hall sick denn ock licht wedder inkregen und sä denn to ehr Kinner: «So, nu packt jun Speel mol tohopen, wi wöllt nu bilütten mol Obendbrot eeten und dorför mutt ick denn Dischopdecken. Achterrann könnt ji mienwegen noch'n beeten lesen und denn geiht dat noher no'n Bett, hört ji!»

Jo, de beiden Jungs halln noch allerhand op'n Zettel för'n nächsten Dach, se wulln Wihnachtsgeschenke inköpen und dat ganz in de nächste Stadt und achterrann wulln se Mudder denn noch den Dannboom op'n Foot setten, dat wern jo bloots noch twe Doch hin bit Hillich Obend.

Annern Morgen susen de beiden mit Rad los, den Wind im Rüch, ton inköpen. Besnackt halln se sick dat ock all mit de Wihnachtsgeschenke, för Mudder twe Kneul Schoopswull, för de Katt ne Knackwuss und för Vadder ne schöne Schippermütz, wat he sick hier boben im Norden nich sien südamerikanischen Kopp verköhlen de.

Knackwuss und Wull wern jo licht köfft, nu man blots noch de Mütz. «Was hat der Herr denn für eine Kopfgröße?» fröch de Verköpersch. De beiden keken sick dumm an, dat wüssen se jo nu ock nicht. De Herr denn se meen, dat is unsen Vadder, den hebt wi all twee Johr nich mehr sehn, de föhrt to See op'n grooten Damper, ober sien Kopp is bald duppelt so groot ass Hein sien, sä Lars und füng dat Grinsen an. Hein krech een ganz roden Kopp. «Na», sä de Verköpersch, «dann gebe ich euch am besten Größe 60, und wenn sie eurem Vater nicht passen sollte, so könnt ihr sie ja nach Weihnachten umtauschen, ihr müßt nur den Kassenzettel gut aufbewahren.» Dor wern de beiden mit inverstohn. «Vadder hett doch nich duppelt sunn groten Kopp ass ick», sä Hein op'n Trüchwech, «du tünst di mechmol ganz schön wat trech. Na, wi ward dat jo sehn, wenn he no Huus kummt», meen Lars, und se pedden för dull in di Pendolen, scheef gegen den olen Wind op, no Huus to.

«Nu vergeet ji beiden man nicht, mi denn Wihnachtsboom op'n Foot to setten», sä Mudder, ass se ganz ut de Pust to Huus ankömen. Ne, dat duer denn ock gor nich lang, dor halln de beiden dat trech. Smücken, ne, dat wulln se annern Dach, dor halln se nu keen Lust mehr to. De Klock güng all op söben to, und Mudder hall ne önnige Pann vull Brotkartüffeln mit'n poor Spiegeleier mokt.

No'n Obendbrot hett se jümm noch'n poor plattdütsche Geschichten vörleest, und denn güng dat so bi neegen no'n Bett, annern Obend, (Hillich Obend), döffen se jo solang opblieben, ass se wulln.

Greten seet nu blots noch alleen mit de Katt in de Stuuv. Se dach an ehrn Hermann. Wat he dat wull dütt mol schaffen de, dat se all tosommen Wihnachten fiern kunn, wat wür ick mi freun, jo se hall emm doch all so lang nich mehr im Arm hat.

Annern Dach no'n Fröhstück, hebt de Jungs denn Wihnachtsboom schmückt, achterran noch'n beeten Holt hackt för Mudder ehrn Kacheloben, Kohlen rinnholt und alln's dat mokt, wat Mannslüd so moken dot in't Huus. Mudder hall intwischen de Stuben opklort und den Boodeketel anbött. Eeten wulln se hüt obend wat, schall ganz wat Goodes geben, meen Mudder.

To Kaffeetied, se seeten jüss an Disch, klopp dor watlies an de Dör. «Komm in», sä Mudder, und in de Döör steiht een groten brun gebrannten Kerl, und de Kerl, dat wer Greten ehrn Hermann. «Oh, Hermann du, ick kann dat noch gor nich glöben», und denn sprüng Greeten und de Kinner op und ümarmen jümmen Vadder.

«Nu man langsom», sä Hermann, ji drückt mi jo de schönen Bloomen breet, de ick in Altona op'n Bohnhof köfft heff, und he geef sien Greeten een groten Söten und sä: «Hier, de sünd för di to Wihnachten und Hein und Lars ji kriegt jeder een Tofel Schokolod. Ick kunn jo nix anners mehr köpen, de Geschäfte halln jo all dicht.»

«Dat mokt doch nix. Vadder, dat beste Geschenk, wat du uns mokt hest, dat büst du doch sülben, ne gröttere Freud hallst du uns wahrhaftig nich moken kunnt.»

Und denn hebt se erstmol Kaffee drunken, und achterran schönen Wihnachten fiert, so ass sick dat hörn deit.

De Mütz ober, de wer Vadder veel to groot, ass he se op-setten dä, kunn he ümm sick rüm nix mehr sehn, de sät emm mehr op de Näs ass op'n Kopp, ober de hebt se denn eenfach no Wihnachten ümtuscht, se halln jo noch denn Kassenzettel.

Gerhart Asche

Hansi, dat Wiehnachtsswien

«Un hier heff ik noch'n Överraschung för den Jung», sä Tante Meta un hööl een quietschend Bünnel in de Luft. Ik stünn as baff un kunn dat kuum glöven: een rejalig Swien weer dat, wat se dor an sien Achterbeen to faten harr, lürlütt twoors, man met allens dran, wat'n Swien so bruukt, sogoor met'n sööten Ringelsteert. «Düsset Farken», so verkloor us Tante Meta wieter, un se swenkt dat lütt Wesen so groff hen und her, dat et een banghaften Jiepser na'n annern vun sik geev, «düsset Farken, dat kriegt ji met na Huus, un denn schall de Jung dat plegen un fodern, bet dor'n fett un saftig Swien ut worrn is. To Wiehnachten, denn wart dat woll sowiet sien, un denn hefft ji'n gooden Braden för die Fier-dag.» Met düsse Wöör sett Tante Meta dat Farken in een Kas-sen, den se dor al stahn harr, detscht dor'n Deckel op un stell

179

mi dat Gelaats, ut dat nu een barmhartig Krieschen to hören weer, op'n Schoot.

Dor seet ik nu met miene fief Johren un wuß nich, off ik mi freien or off ik blarrn schull. Seker: een egen Swien, dat harrn nich Berni un nich Dieter un nich Rena und nich Heide, dat harr nums vun miene Frünnen in de ganze Straat vörtowiesen. De harrn nich mehr as ehr Karnickels in'n Stall op'n Hoff achtert Huus un villicht noch'n poor Höhner, so as'n dat dortomalen harr in de magern Tieden na den grooten Krieg. Gegen mi met mien egen Swien, do wöör nums werrer ankamen. Do weer ik mi seker. Bloots: dat düsset Swien, dat düsset sööte lüttje Farken een Dags so as all de Karnickels un Höhners ok to'n Fierdagsbraden warrn schull, dat seet mi as'n Kloot in de Sluuk. Un do wöör ik gegen angahn, dat weer mi klor in düssen Momang.

Nu mossen wi avers eerstmal doran denken, op wecke Wies wi Hansi – so harr ik mien Farken foorts döpt – na Bremen na Huus hen kregen. Vun Falldörp ut, wo Tante Meta un Unkel Jan ehrn Buurnhoff harrn un wo wi se in de domaligen Tieden jeedenen Maand to'n Hamstern besöken köömen, weer dat'n böösen Umstand. Toeerst gung dat to Foot na'n Bahnhoff no Hilligenfelde, un as wi dor intrudelten, do weern wi dree – mien Grootmoder met twee fulle Taschen, mien Moder met dree Büdels un'n Felliesen un ik met mien Swienskassen – al bannig an't Sweten. De Bimmelbahn kööm, as jümmers, to laat, un as wi optletzt den Waggon entert harrn, do ween de Sittplätz al lang vergeven, un wi mossen bet Syke hen stahn. Dat Gelaats met Hansi stunn op de Eer twischen miene Been, un hen un wenn kunn een ut den Kassen rut 'n lüttjen Quietscher hören. Bloots, as de Schaffner anrücken dä, do weer dat in den Kassen musendodenstill, so as off mien klooken Hansi dat ahn, dat wi keen Billett för em kofft harrn.

Vun Syke gung dat met'n annern Tog – ok de weer, as jümmers, to laat – wieter na Bremen-Neestadt, un denn to

Foot na Huus. Ik kunn dat kuum verwachten, bet ik mien Hansi bi mien Vader un bi mien Grootvader präsenteern kunn; avers as ik den Deckel vun den Kassen afnöhm un lütt Hansi sik ganz oordig un ahn Mucks vun de twee begootachten leet, do keek eerst mien Vader mien Grootvader an, un denn keek de wedder mien Vader an, un denn weer dat optletzt mien Grootvader, de dat utspreken dä: «Dat Farken is jo waanschapen. Dat is jo'n Mißgeboort!» Un nu sehg ik dat ok, as he dor so gerauhig in sien Kassen seet: de Kopp vun mien Hansi weer binah jüst so groot as sien restlichen Lief.

«Dat gifft sik, wenn he eerst utwussen is, schast sehn», sä mien Grootmoder, un bi dat Woort «utwussen» moß ik foorts wedder an Wiehnachten un an den Fierdagsbraden denken. Nee, denn leever'n waanschapen Swien as een, dat goot toweg is un denn jichtenswenn afslacht wart. Un as ik düssen Gedanken harr, do weer mi dat binah, as of Hansi mi met sien linket Oog toplinkern dä.

In de tokamen Weken un Maanden, do weer ik mi vun Dag to Dag jümmers mehr seker, dat he mi verstahn harr; he wull un wull nich wassen. Dat heet: an'n Kopp, dor wörr he grötter un grötter. Man wat nich mitwassen wull, dat weer sien Lief. Dor, wo bi een echtet Swien de Schinken sitten doot, dor sehg he ut as'n Klappergestell, dürr un spittelig un man nich mehr as Huut un Knaken. Avers met sien Kopp, do weer apenbor ok sien Grips un sien Plie an't Wassen. He weer bald'n ganzen Klooken. Allens, wat ik em bibröch, dat behöll he stantepee, un in kotte Tiet kunn je Pootjen geven un met de Ohren weddeln. He weer totrulich un leet sik strakeln, un elkeen Dag klabaster he fröh an'n Morgen de Stopen to us optreppt Köök rupp un tööv an de Döör, bet wi rutköömen un he us begröten kunn.

Un denn weer Wiehnachten, dat eerst Maal na den grooten Krieg. «Een Braden hefft ji jo», harr Tante Meta seggt, as se us bi use Hamstertour in'n Advent 1945 Kantüffeln inpacken dä un Ziepeln un Eier un ok'n beten Wust. «Jo, jo, een Braden hefft wi», harr mien Grootmoder to Antwoort geven un op de Eer keken. Un ik, ik heff gor nix seggt.

Avers an'n Hilligen Avend, an den eersten na den grooten Krieg, do geev dat bi us Kantüffelsalat met Ziepeln un kakt Eier un ok'n beten Wust – un dat hett us smeckt, as wenn't dat wunnerborste Festmahl wesen weer. De Lichten an den Boom blinkerten, un in de Eck vun de Wiehnachtsstuv, dor seet met'n root Band ümmen Hals un'n lüttje Bimmelklock doran Hansi, us waanschapen Swien met den grooten Kopp un nix op de Knaken. Un wenn een ganz nau henkieken dä, denn sehg dat binah so ut, as of he so'n beten an't Smuustergrienen weer.

Irene Grimm

Wiehnachten abens

Ick glöv, dat gift keen Dag int Johr, op den to mindstens de Kinner so luart as op den Hilligen Abend. Schon de ganze Vortied is vull von Spannungen, Überraschungen und Sehnsüchten. Een Dag, an denn die ganze christliche Welt tohoop find. Hüt is dat vielleicht nich mehr ganz so as freuer. Doch wenn ick dor an mien Kinnertied trüchdenk, man, wär dat immer een Opregung!

Allerdings, bi uns to Hus seh dat immer son beten anners ut. Wie de Name jo all seggt, is dat Hillig Abend, oder Wiehnachtsabend. Doch, min Vadder arbeit bi de Post bi de Utlandstelle. Und dat bedüdet, jedes Jahr Deenst. Utfallen schall dat ja nun nich, und so fung bi uns de ganze Spektokel all middags clock 12 an. Wie eet scheun Wiehnachtsbroden, versteiht sich. De Dannenboom stünd in siene fulle Pracht mit brennende Kerzen op min Vadder sin Schriefdisch, und da ünner legen, got mit grode, brune Bogen Packpapier verdeckt, de Wiehnachtsgeschenke. Ick weet nich, wie oft min Moder seggt, kieck in dien Teller und eet. Obers, dat weer ja auch to un to swor, nich immer to schielen, ob nich an irgendeen Eck wat rutkieken de von de Geschenke.

Endlich wär dat so wiet. De Öllern seten noch gemütlich bi een Tass Koffi, un wie harn genog to don, de niegen Soken to bekieken. Denn sust min Vadder aff. So, un nu? Alleen to Hus, nee, dat wull min Moder nich. Son Schiet, seg min Broder, nie kann man richtig mit de niegen Soken speelen. Ick nehm aber min neegen Poppenwogen mit, krei ick dazwischen. Un so gung dat denn los mit Sack un Pack bi Sneegestöber und mit de Strotenbohn.

Uns Oma luart all mit Berge von Botterkoken un fine Torten. Wie wärn een grote Familie, und so kämen noch mehrere Verwandte. Dat wär een Vertellen und Lachen. Zwischendurch sungen wie Wiehnachtsleeder. So richtig gemütlich. Wie Görn möten denn immer noch een Gedicht opseggen. Von Oma kregen wie denn immer een Groschen davor.

Wenn de offizielle Teel toend wär, gungen wie Gören in de Kök ton Speelen. Dat wär immer een bannigen Spoß, besonners wenn de Groten Schattenspeele mit allemöglichen Kökengeräte achter dat witte Stoffrollo vorn Fenster moken. Twischendorch geev da noch Nöten ton Knacken, Bratäpfel ut dat Rohr von den Kachelofen, Marzipan und wat noch allns. Min Vadder käm abends un holt uns aff. Doch wie gungen nich eher no Hus, bevor nich noch een Familienfoto mookt wär. Dat wär immer een richtig komplizierte Sok. Erst mußten de Meters aftellt werden, denn de Hebel vor den Selbstauslöser. Mien Vadder möt dann den richtigen Platz utsöken, wo hei denn hensuust. Un denn dat Blitzlicht! Een Bindfoden wurd spannt von eene Wand no de anner. Da an käm son komischen Böddel mit Magnesium heet dat. Dat ward ansteeken. Dat wär een Zischen, Puffen, een greller Blitz, und dat Bild wär in Kasten. Hüt wunner ich mi nich mehr, woso de Lüd freuer immer so opreten Ogen harn.

Un dann gung dat no Hus. Wedder mit all de Soken, noch Geschenke von Oma und de annern Verwandten dorto. Und wedder Is und Snee. Wat ick immer am scheunsten fund, bin Utkieken in de Fenster öberall de leuchtende Wiehnachtsbööm. To Hus ankomen moken de Öllern sick dat noch beeten gemütlich, un vor uns heet dat, aff, non Bett. Glücklich un vollfreeten von all de goden Soken, slöppt wie gliecks in. Ick kann mi denken, dat wie all von denn nächsten Wiehnachtsabend drömt hefft.

Inhalt